Ser multimídia: profissão criatividade

COLEÇÃO
CAMINHOS
HISTÓRIAS
LEGADOS

Dados Internacionais de Catalogação na Publicação (CIP)
(Jeane Passos de Souza – CRB 8ª/6189)

Velázquez, Fernando
    Ser multimídia: profissão criatividade / Fernando Velázquez. – São Paulo: Editora Senac São Paulo, 2020.
(Coleção Caminhos, Histórias e Legados)

    ISBN 978-65-5536-160-5 (impresso/2020)
    e-ISBN 978-65-5536-161-2 (ePub/2020)
    e-ISBN 978-65-5536-162-9 (PDF/2020)

    1. Gestão de Carreiras 2. Carreiras: Sucesso nos negócios 3. Profissionais do mercado – Conduta: Realização pessoal 4. Conduta de vida: Histórias inspiradoras: Biografia 5. Gestão de negócios: Profissionais do mercado I. Título. II.Coleção.

20-1149t

CDD – 158
650.14
658.42092
BISAC BIO000000
SEL027000
BUS012000

Índice para catálogo sistemático:
1. Gestão de carreiras   650.14
2. Conduta de vida: Histórias inspiradoras   158
3. Biografia : Histórias inspiradoras: Profissionais do mercado   658.42092
4. Gestão de negócios: Profissionais do mercado: Biografia 658.42092

Ser multimídia: profissão criatividade

FERNANDO VELÁZQUEZ

Editora Senac São Paulo – São Paulo – 2020

ADMINISTRAÇÃO REGIONAL DO SENAC NO ESTADO DE SÃO PAULO
Presidente do Conselho Regional: Abram Szajman
Diretor do Departamento Regional: Luiz Francisco de A. Salgado
Superintendente Universitário e de Desenvolvimento: Luiz Carlos Dourado

EDITORA SENAC SÃO PAULO
Conselho Editorial: Luiz Francisco de A. Salgado
Luiz Carlos Dourado
Darcio Sayad Maia
Lucila Mara Sbrana Sciotti
Jeane Passos de Souza

Gerente/Publisher: Jeane Passos de Souza (jpassos@sp.senac.br)
Coordenação Editorial/Prospecção: Luís Américo Tousi Botelho (luis.tbotelho@sp.senac.br)
Dolores Crisci Manzano (dolores.cmanzano@sp.senac.br)
Administrativo: grupoedsadministrativo@sp.senac.br
Comercial: comercial@editorasenacsp.com.br

Edição de Texto: Denio Maués
Coordenação de Revisão de Texto: Luiza Elena Luchini
Revisão de Texto: Camila Lins
Capa e Projeto Gráfico: Fernando Velázquez
Editoração Eletrônica: Marcio S. Barreto
Impressão e Acabamento: Gráfica Mundial

Proibida a reprodução sem autorização expressa.
Todos os direitos reservados à

EDITORA SENAC SÃO PAULO
Rua 24 de Maio, 208 – 3º andar – Centro – CEP 01041-000
Caixa Postal 1120 – CEP 01032-970 – São Paulo – SP
Tel. (11) 2187-4450 – Fax (11) 2187-4486
E-mail: editora@sp.senac.br
Home page: www.livrariasenac.com.br

© Editora Senac São Paulo, 2020

NOTA DO EDITOR | 7

PALAVRA-CHAVE: CURIOSIDADE | 15

1 A VIDA COMO UM LABIRINTO | 19

2 *¡BRASIL, A VER QUE PASA!* | 43

3 SOM NA CAIXA | 55

4 O LABIRINTO DA ARTE | 65

5 SEM CHÃO | 79

6 A VIDA TEM DE SEGUIR | 83

7 TODAS AS ARTES, UMA SÓ ESTAÇÃO | 85

8 LABIRINTO EM CONSTRUÇÃO | 95

9 CODA | 115

SOBRE O AUTOR | 119

~~NOTA DO EDITOR~~

As trajetórias da vida raramente são lineares; há inúmeras situações pessoais ou profissionais que improvisam curvas, subidas e descidas nos caminhos. A sabedoria com que cada um reage às mudanças do itinerário é que faz a diferença.

A Coleção Caminhos, Histórias e Legados traz narrativas de pessoas que foram escolhidas pela sua capacidade de se manterem em equilíbrio, com foco nos propósitos e sustentadas em valores. Com isso, confirmam um legado que compartilham agora.

Neste volume, Fernando Velázquez, uruguaio que adotou o Brasil em meados dos anos 1990, nos conta sobre o cotidiano sem rotina de quem trabalha com arte multimídia, área em que a inovação tecnológica e o aprendizado são constantes. Inquieto, Fernando afirma que seu "combustível é o conhecimento", algo que ele busca dividir com o público das exposições de que participa, como artista ou como curador, seja no Brasil, seja exterior.

Ser multimídia: profissão criatividade é uma publicação da Editora Senac São Paulo dedicada a todos aqueles que buscam trajetórias inspiradoras de pessoas resilientes capazes de se reinventarem e de seguirem adiante para enfrentar os reveses da vida e evoluir pessoal e profissionalmente.

À memória de Adalton Paes Manso

Aos meus pais

À tia Alba

À família Tomeo

Para Paola, Mateo, Marco e Maria

AGRADECIMENTOS

Agradeço a Paola Paes Manso, Denio Maués e Márcia Cavalheiro Rodrigues de Almeida, pela parceria e pela paciência.

"Um povo que não ama e não preserva suas formas de expressão mais autênticas jamais será um povo livre."

Plínio Marcos

~~PALAVRA-CHAVE:~~ ~~CURIOSIDADE~~

Ao receber o convite para participar desta coleção da Editora Senac São Paulo, primeiro fiquei feliz porque significa reconhecimento. Logo depois, fiquei apreensivo: afinal de contas, escrever sobre a própria trajetória exige a coragem de revisitar o passado, o desprendimento para deixar de lado os próprios preconceitos e, sobretudo, vislumbrar que temos algo interessante para contar.

Vivemos no tempo dos algoritmos, códigos de computador que conhecem a gente tão bem, que nos surpreendem com sugestões que roteirizam nossas vidas. A inteligência artificial está suplantando os humanos nas mais diversas profissões, impondo desafios constantes aos profissionais das mais diversas áreas.

O aprendizado contínuo, a flexibilidade, o espírito crítico e inovador e o trabalho em equipe são algumas das habilidades que se esperam do profissional do século XXI, e sobre isso tenho algumas histórias para contar.

Sou uma pessoa muito curiosa, meu combustível é o conhecimento, e minha busca, o movimento. Preciso de novidades o tempo todo, e isso me levou a estar em constante transformação. Fiz e faço tanta coisa na vida: arquitetura, design, música, vídeo, arte digital, gestão cultural; sou professor e aluno e até fui um – péssimo – empresário. Daí, o título deste volume da coleção, "Ser multimídia, profissão criatividade".

Desde cedo, tive a sorte de poder dar vazão às minhas inquietações, e isso acabou moldando a minha personalidade. Embora minha família fosse humilde e os meus pais – como muitos pais – idealizassem um futuro pra mim como advogado ou médico, nunca me pressionaram. Perambulei por várias faculdades e frequentei cursos livres até que, ao mudar para o Brasil aos 27 anos, percebi que, apesar de gostar de muitas coisas, teria que optar por uma profissão. Os tamanhos de São Paulo e do Brasil me fizeram perceber, por analogia, a imensidão do território do conhecimento. A topofilia estuda a relação entre as pessoas e os espaços físicos; compreendi essa ideia de forma patente. Montevidéu é uma cidade pequena, o Uruguai inteiro tem pouco mais de três milhões de habitantes, e eu conhecia cada canto da minha cidade. O domínio do território moldava uma visão de futuro reduzida ao que eu imaginava que poderia vir a ser com base nas vivências que o espaço me oferecia, e nas conexões que nele estabelecia. Sendo filho de operários e vivendo num bairro humilde, as perspectivas de futuro seriam – *a priori* – um tanto limitadas.

A dimensão extraordinária de São Paulo e o porte continental do Brasil frustram qualquer tentativa subjetiva de "controle" do território, algo que se pode imaginar ter em uma cidade de menor porte. Ao mesmo tempo, a economia pulsante – mesmo em tempos de crise – permite uma grande mobilidade social. Isso me fez enxergar infinitas possibilidades de futuro; poderia ser o que eu quisesse, mas para isso seria necessário optar. Essas ponderações nem passavam pela minha cabeça na época, são especulações que hoje consigo matutar revisitando o vale da memória, das emoções e do subconsciente.

Quando vim morar aqui, as minhas paixões eram a música, a arquitetura e as artes plásticas. Escolhi ser artista. Estudei violão clássico, profissão que exige muita disciplina, rigor e foco. Até que gostava de tocar por horas a fio, mas como tinha interesses diversos não conseguia manter a disciplina por muito tempo. Gostava muito também de arquitetura, de criar espaços. Na faculdade, descobri que ser arquiteto envolve muito mais do que a criatividade para projetar. Tem que acompanhar a construção, cuidar dos insumos, gerenciar equipes, tratar de assuntos legais e burocráticos, e essas coisas não me atraíam tanto. Gosto mesmo é de movimento, a liberdade de poder ir e vir à vontade. Ficar imerso num assunto, pular a outro sem aviso prévio, depois voltar, num *loop* constante, acreditando que numa hora tudo fará sentido, ou não. Para mim, o percurso é mais importante que o resultado e, por isso, vivo num constante vaivém entre teoria e prática.

Leio muito e penso o tempo todo – na ducha, no carro, até nos momentos de descanso o cabeção não para. Percebo o quanto isso é bom quando consigo articular o pensamento nas mais diversas situações, e isso me abre portas. Mas também fui aprendendo que de nada adianta ter o intelecto desenvolvido e descuidar dos afetos, dos sentimentos e da intuição. A busca do equilíbrio tem sido um aprendizado diário.

Em definitivo, escolhi a profissão de artista por acreditar que teria um horizonte mais amplo de liberdade. Mal sabia que nas artes plásticas poderia exercitar os meus interesses pela música e pelo espaço de maneira integrada a outros saberes e curiosidades. Mal sabia também que esses meus interesses múltiplos tinham um nome: transdisciplinaridade, outro dos paradigmas do mundo contemporâneo. A formação esparsa acabou moldando minha atuação como profissional: busco sempre conjugar a visão do especialista com uma mais ampla, generalista.

Por outro lado, percebo que minha trajetória profissional é a extensão da minha vida pessoal, o que também pode ser identificado com outro paradigma do nosso tempo. O campo do emprego está cada vez mais elástico: hoje muitas pessoas trabalham em casa, mesmo sendo funcionárias de empresas multinacionais. Descobri que isso não é necessariamente bom ou ruim, mas que exige concentração redobrada para alcançar objetivos, sem sacrificar a família e os momentos de lazer.

Esta coleção apresenta a trajetória profissional de pessoas que fizeram escolhas muito diferentes na vida. É uma amostra da diversidade de caminhos que podem ser percorridos. Espero que as experiências e informações que comparto possam vir a ser úteis para os que adentram o mundo profissional ou para os que, no andar da carruagem, buscam mudar de ares. Se conseguir que o interesse pela arte seja despertado, já me dou por satisfeito.

E, se quiserem, deem um espiadinha em www.blogart.com, "meu site, meu labirinto".

CAPÍTULO 1
~~A VIDA COMO UM LABIRINTO~~

Gosto de pensar que, a qualquer momento, a vida pode nos levar por direções desconhecidas. Acidentes, surpresas e coincidências criam um labirinto que vai sendo desenhado em tempo real, a partir das nossas experiências e escolhas. Pensar dessa maneira tem me ajudado a tocar a vida e manter a esperança de que o futuro sempre será melhor.

Nem sempre somos conscientes de que as nossas andanças pelo mundo estão inexoravelmente relacionadas às condições sociais, materiais e afetivas em que crescemos. Por isso, escolhi começar contando um pouco da minha infância e adolescência, na tentativa de redescobrir as minhas raízes e elencar os eventos fortuitos que influenciaram minha caminhada.

CARROS DESAMASSADOS E ROCA DE FIAR

Meu labirinto particular tem início em Montevidéu, onde nasci em 1970, e vivi até me mudar para São Paulo, em 1997. Sou o mais velho de três filhos. Raúl, meu pai, é operário, trabalha com funilaria e mecânica para carros; Anahir, minha mãe, tecia blusas de lã para vender em diversas cooperativas de artesãos. Eu e meus irmãos estudamos em escolas públicas a vida inteira.

Quando criança, eu adorava passar os dias na oficina do meu pai, fuçando as gavetas e brincando com as ferramentas. Todo tipo de máquina: de cortar, dobrar, furar, parafusar, desamassar, soldar, pintar.

Já adolescente, tentei ser seu assistente, mas nunca tive habilidade para a funilaria ou para a mecânica. Ficava impressionado ao ver as pessoas ao redor dos carros, deliberando sobre os motivos das falhas e especulando possíveis soluções. Conheciam cada peça e a sua função no todo. Eu nunca consegui montar o mosaico na minha cabeça – até hoje não sei como funciona um motor. Ficava envergonhado de não entender nada e pensava: em casa de ferreiro, espeto de pau.

Porém, gostava de ver meu pai trabalhar, resolvendo algum perrengue de um motor cansado, após 200 mil quilômetros rodados. No Uruguai, os carros têm uma vida longa. Nas mãos dele, desamassar carros batidos parecia coisa simples.

Vê-lo soldar ou pintar, então, era como participar de um filme de ficção científica. Ele parecia um astronauta com aquelas roupas. A máscara de solda o "transformava" num androide: era toda fechada, a não ser por uma minúscula área retangular coberta com um vidro preto, que fazia as vezes de janela. A solda utiliza tanques de gás equipados com chaves e diversos medidores de pressão que lembram os comandos de uma nave espacial. Para começar a usá-la, era preciso girar as chaves e acender fogo com um isqueiro na boca do equipamento. Um som assustador, alto e agudo retumbava no espaço. Ao soldar, uma cachoeira de luz iluminava o ambiente de forma intermitente e um som sincopado ecoava pelos cantos. Depois de alguns segundos, meu pai parava, se distanciava alguns centímetros, conferia a situação e terminava o serviço a mão, martelando. Era algo inacreditável. Como você bem sabe, a forma dos carros é muito rebuscada, as curvas do para-lama, o encaixe das portas, os enfeites nas laterais, etc. Imagine a habilidade que demanda reconstruir cada um desses detalhes. Ele era um escultor.

Depois de alguns dias, os carros batidos ficavam cheios de "cicatrizes", e os remendos precisavam ser pintados na cor original. A câmara de pintura entrava em ação. Uma cortina de plástico transparente e grossa separava a sala do resto da oficina, e, quando entrava em funcionamento, a tinta criava uma nuvem cheirosa e colorida que confundia os contornos de coisas e pessoas. Assim como a atividade da solda, pintar requeria paramentos específicos, trajes, máscaras e máquinas. Para quem estava fora, parecia um laboratório na Área 51 do deserto de Nevada, onde dizem que o governo americano estudava secretamente óvnis e extraterrestres.

Gostava também de tomar café da manhã com ele no bar da esquina da oficina. Café com leite e *croissant*. Meu pai é do fazer, mais do que do projetar; as conversas eram sobre questões práticas do dia a dia, ou alguma anedota, nada de sermões ou lições de pai pra filho. Sentávamos de frente para uma grande janela, e eu sonhava, observando o acontecer da vida. Montevidéu é repleta de plátanos, árvores que no outono perdem as folhas, criando tapetes multicoloridos – marrom, ocre, amarelo, vermelho, laranja – nas calçadas. As sementes – uma bola de três a quatro centímetros de diâmetro – despencam e, ao caírem no chão, explodem espalhando pequenos e enfeitiçados gomos no ar. Lembro-me da luz matinal de inverno entrando pela janela do bar, os galhos dos plátanos fazendo sombra e criando desenhos nas paredes. Do outro lado da janela, lembro-me das pessoas lutando contra o vento, esfregando as mãos nos olhos alérgicos por causa dos gomos das sementes. Sempre tinha alguns personagens no balcão do bar tomando grapa com mel – o destilado típico do Uruguai – logo cedo, comentando sobre futebol ou política. De vez em quando saía alguma briga e o ambiente ficava tenso.

Fico impressionado com a clareza dessa lembrança, o que me leva a pensar nessa maravilha que é o nosso cérebro e a mente humana. Entre tantas coisas que vivemos, por que e por quais mecanismos escolhemos e guardamos tal fato e não outro? A ciência diz que acontecimentos mais intensos, violentos, inesperados ou de forte carga afetiva têm prioridade no vale da memória. Curiosamente, também me lembro muito do gosto do café com leite e do sabor do *croissant* daquelas manhãs, mas nada disso era novidade para mim. Seria o momento de intimidade e cumplicidade com meu pai o disparador de tão detalhada e persistente lembrança? Possivelmente. Hoje sei que também tem a ver com a minha forma particular de ser e estar no mundo, e que tem a ver com a profissão que escolhi: a arte.

Outras memórias relacionadas ao meu pai têm a ver com seus carros. Ele compra e conserta carros até hoje e nenhum deles dura muito tempo nas suas mãos. Logo os vende. Não é algo sistemático ou planejado como um negócio – meu pai nunca teve tino para os negócios. É algo orgânico: deixa os carros impecáveis a ponto de as pessoas os desejarem, e elas conseguem convencê-lo da venda. Como sempre tem alguma dívida para quitar, e ciente de que poderá repetir o processo *ad infinitum*, ele cede.

A lista de carros que meu pai teve é longa. Os meus favoritos? Studebaker Starlight (1951), Citroën 11 (1958) e 2 CV (1972), DKW (1959), MINI Cooper (1960), Fiat 500 Topolino (1940), Fiat 125 (1969), Fiat 500 L (1971), Fiat 600 (1973), NSU Prinz (1970) e o Mercedes-Benz 180 D (1955) transformado em *pickup*. Passava tardes inteiras dentro dos carros, mexendo em cada uma das alavancas, chaves e manivelas. Um dia, fui passear no carro zero do pai de um amigo, um Ford Corcel. A diferença para os carros rodados do meu pai foi tanta que tive a sensação de estar flutuando.

Cheguei a dirigir alguns dos seus carros. Um dia, numa das visitas que fazíamos aos meus avós paternos na cidade de San José, pedi para dirigir por um caminho de terra. Estava ainda aprendendo e pisei no freio na hora errada. O carro resvalou na terra e rodopiou três vezes até parar. Fizemos um zigue-zague de uns 20 metros, sem bater em nenhum dos carros parados no acostamento. Foi por muito pouco. Depois dessa, demorou um tempo até ele me emprestar o carro de novo. Nem valia a pena insistir, tinha acabado com a minha moral. Lembro-me também de um episódio que poderia ter tido um fim trágico. Estávamos voltando para nossa casa, após uma visita à casa de praia dos meus tios. O DKW lotado. Eu com sete anos, no colo da minha mãe, no banco do carona – o que hoje é proibido –, e cinco pessoas no banco de trás – o que também é. Chegando a um cruzamento, vejo uma roda fazendo a curva e subindo pela rua transversal. Instantaneamente gritei "Olha!" e apontei com o dedo para a roda que andava sozinha. Todo mundo riu. Segundos depois, o carro começou a se arrastar de lado e percebemos que tínhamos perdido a roda dianteira direita. Já alguns metros à frente do sinal, não conseguíamos saber o desfecho do incidente. Um silêncio fúnebre tomou conta do carro, que até então era só algazarra. E se a roda tivesse machucado alguém? Por sorte era tarde da noite, a rua estava deserta e nada aconteceu. Meu pai estava com o seguro atrasado e nessa noite tivemos que voltar de táxi. Minha mãe ficou furiosa e não falou com ele durante uma semana.

A propósito, minha mãe hoje é dona de casa, mas teve uma vida profissional ativa. Ela foi a única das quatro irmãs que herdou de minhas avó e bisavó o gosto pelo corte e costura, habilidades aprendidas na fazenda onde nasceu e viveu até os 20 anos, em San José. Quando se mudou para Montevidéu, aquelas habilidades, que eram próprias do dia a dia no campo, onde as pessoas têm de resolver os afazeres práticos da vida com seu próprio empenho, passaram a ser a fonte de renda. Minha avó virou a costureira do bairro e minha mãe se especializou em tecer lã: blusas, casacos, cachecóis, meias, luvas. Ela é criativa e tem bom gosto, o que a levou a trabalhar para a cooperativa Manos del Uruguay. Isso era um grande orgulho para mim; ouvia dizer que as roupas de lã da cooperativa (tecidas pela minha mãe!) eram vendidas a preços absurdos na Europa e nos Estados Unidos. Hoje, ela só tece para os seus netos.

Gostava de ajudar a minha mãe a preparar os novelos na roca de fiar, um instrumento curiosíssimo que tem de ser montado e operado com destreza e sensibilidade. Adorava também acompanhá-la à mercearia. Ficava viajando no mosaico de cores que se formava nos nichos de madeira em que os novelos eram guardados. Cinco, seis, sete variações de cada cor, e cada cor tinha um código, que ela sabia de cor e pedia de acordo com os desenhos que tinha projetado.

Ela tinha um ciúme exagerado da sua máquina de tricô, com a qual eu também gostava de brincar. Havia um monte de peças, manivelas e alavancas que tinham de ser movimentadas de um lado ao outro – quase uma "nave espacial", digamos. Quando ela tecia, a roupa ia nascendo em tempo real diante dos nossos olhos. Uma criança de hoje, ao ver uma máquina dessas funcionando, certamente exclamaria: uma impressora de roupa! Eu passava horas vendo-a trabalhar, aprendendo o segredo das cores e decifrando a cumplicidade das formas geométricas.

Adorava também ir com ela fazer compras no Mercado Modelo, o centro de distribuição de alimentos da cidade, que ficava ao lado de casa, numa imponente estrutura de ferro do século XIX, como aquelas das antigas estações de trem. Entrar significava mergulhar num universo de cheiros, cores e sons. Queijos, peixes, aves, carnes, erva-mate, sementes, frutas, verduras, tudo junto e misturado como nos "mercadões" Brasil afora. Como nas feiras daqui, os vendedores atraem as pessoas com gritos e bordões, oferecendo amostras dos quitutes – a parte que eu mais gostava. Os pêssegos uruguaios são extremamente suculentos e saborosos, penso neles e me dá água na boca, saudades. Em contrapartida, quando cheguei ao Brasil, nem suspeitava que houvesse tantas variedades de bananas, pois no Uruguai se consome basicamente a do tipo nanica. Fiquei perplexo ao saber que a erva-mate vinha do Brasil. Não sabia que a planta não cresce por lá. Mesmo assim, o Uruguai é um dos maiores consumidores do mundo. Acho que o meu interesse pela relação entre natureza e cultura vem dessa época.

No mercadão não tem pastel de feira nem caldo de cana. Tem "empanadas criollas" (empadas crioulas) de carne, ovo e uva-passa; "pastelitos de membrillo" (pastéis de marmelo frito na banha de porco); e "alfajores de maizena", tudo regado a muito chimarrão. Minha mãe tinha seus postos favoritos, comprava sempre dos mesmos fornecedores. Eu morria de vergonha quando ela me pedia para comprar alguma mercadoria em falta nos postos que ela frequentava e tinha que recorrer aos postos vizinhos. Eu achava que os vendedores me tratavam com certo desdém, afinal de contas, passava batido pelas suas bancas todos os dias sem nem dar oi e, quando precisava, recorria a eles como um freguês. Coisas de criança.

Os ensinamentos profissionais do meu pai não vingaram: de carros, só sei trocar pneu. Mas sei costurar uma bainha e prender botão de camisa (grande coisa, hein!?). Lá pelos quinze anos, ensaiei costurar algumas roupas; na fase hippie, adorava customizar calças boca de sino, adicionando tecidos coloridos em forma de triângulo.

Certamente, eles nunca acreditaram que eu seguiria seus passos. Buscaram abrir meus horizontes, me colocaram no curso de inglês desde pequeno, não me deixavam faltar na escola – aliás, minha mãe, "caxias", sempre fazia as tarefas de casa comigo. Também me iniciaram cedo no catolicismo, o que me despertou a consciência e a busca por algo maior. Tomei a comunhão com sete anos. Adorava ir à igreja, pois lá tinha um campo de futebol. Os padres são sábios.

Meus pais nunca me bateram, mas foram bem rígidos e exigentes sob alguns aspectos: nunca levar um cigarro à boca (os dois eram fumantes empedernidos) e sempre falar a verdade pra eles. Fumar, nunca fumei, mas mentir... Lembro-me do dia em que disse que iria dormir na casa de um amigo para fazer uma tarefa da escola. Na verdade, os meus colegas tinham programado uma festa. Trocando ideia com outros pais, os meus logo descobriram a mentira, foram me procurar e me encontraram andando com a turma pela rua. Deram uma bronca em mim na frente de todos e me levaram na hora para casa. Passei uma baita vergonha!

FAMÍLIA GRANDE E FESTEIRA

Tenho dois irmãos, Alejandro e Estefania, cinco e quinze anos mais novos que eu. Com Alejandro, a diferença de idade fez com que ele tivesse outro grupo de amigos, embora todos da mesma escola e do mesmo bairro. Brincávamos juntos só em casa e aos domingos, quando saíamos em família pelos parques da cidade. Teve um dia em que a coisa ficou feia. Eu devia ter onze anos, ele seis. Era Semana Santa, quando no Uruguai são realizados os rodeios, e, inspirados nessa festa nacional, estávamos brincando de cavalinho – eu andando de quatro e o carregando nas costas. De repente, me empolguei, fiz um movimento muito brusco, ele voou e bateu forte a cabeça no chão. Cresceu um galo do tamanho de uma noz. Fiquei apavorado, chorava desconsolado. Minha mãe pediu para avisar a meu pai, que estava no trabalho, para poder levá-lo ao pronto-socorro. Como não tínhamos telefone, tive de correr aproximadamente dez quadras até a oficina. Foi um susto, levei uma tremenda bronca e aprendi uma boa lição: cinco anos fazem uma baita diferença quando as brincadeiras empregam força bruta. Hoje, quando vejo crianças fazendo algo parecido, dou um berro involuntário.

Minha irmã é quinze anos mais nova do que eu. Com ela, aprendi a trocar fraldas (na época, eram de pano) e a cuidar de bebê. No período mais rebelde da minha adolescência, me recusei a ir ao batizado dela. Eu já tinha tomado a comunhão, mas achava um absurdo que estivessem impondo uma crença a um "ser tão pequeno e indefeso". Foi uma atitude vergonhosa, da qual me arrependo. Ficou a lição: contra a biologia, ninguém pode. Na adolescência, as células borbulham, o sangue ferve e os hormônios explodem. É uma fase da vida em que brigamos com o mundo na busca de firmarmos nossa personalidade.

Além dos meus pais e irmãos, em casa moravam minha avó René, minha bisavó Maria e minha tia Alba. Minha prima Rosana – filha da tia Turquesa, que esteve presa durante a ditadura militar – passava alguns períodos conosco. Meus primos Fabián e Marcelo – filhos da tia Mirta e do saudoso tio Hugo – também passavam as tardes em casa. Era uma tremenda "bagunça".

Tenho vagas memórias de quando visitávamos a minha tia no "Estabelecimento de reclusão militar número 1", chamado popularmente de Presídio Liberdade, por ficar perto da cidade de mesmo nome. Assim que tomei consciência dos significados das palavras, notei a curiosa ironia – Presídio Liberdade. Tinha cinco anos, era 1975. Íamos de trem. Rosana, então com quatro anos, ia junto com a gente. Minha mãe levava sacolas com roupa e comida. Passávamos por uma revista – quando me separavam por alguns instantes da minha mãe –, atravessávamos corredores de grades, e os espaços me pareciam enormes. Lembro-me do silêncio sepulcral do trajeto e do choro da minha mãe ao encontrar a minha tia. Eu ficava num canto tentando dissipar a angústia criando um casulo – é coisa de adulto, pensava. Não tenho lembranças de visitas posteriores, não sei se as visitas foram proibidas. Com o passar do tempo, a ditadura foi recrudescendo. Não sei se meus pais tentaram nos preservar, mas o assunto virou tabu na família. Minha tia saiu junto ao último grupo de presos políticos libertados, em 1986, já após a retomada da democracia. Ela passou um tempo conosco até retomar a sua vida.

A casa da Rua Porongos foi o centro da atividade familiar por quase duas décadas. Era lá que se celebravam todos os aniversários e eram realizadas todas as festas, incluídos Natal e Ano-Novo. Vinha a família da minha tia-avó Selva: seu marido, Pocho, e meus primos de segundo grau Álvaro, Patrícia e Alejandra.

Minha bisa foi a matriarca até os 99 anos. Tomava conta da casa, subia dois lances de escada para pendurar roupa, sua disposição era invejável. Eu adorava os domingos, quando ela fazia nhoque ou talharim e me deixava participar das atividades da cozinha. Lembro que me oferecia um *menjunje* de gema de ovo com vinho *garnacha*, uma espécie de tônico popular que se bebe no campo.

Brinquei e aprendi muito em casa. Não tínhamos videogame, computador, skate nem jogos de tabuleiro; criávamos nossos brinquedos e inventávamos brincadeiras. Desenhávamos, fazíamos engenhocas de papelão, futebol de botão, fliperamas de pregos e gomas elásticas, carrinho de rolimã.

ADRENALINA NA QUADRA

A popularidade do ex-presidente "Pepe" Mujica e as leis progressistas aprovadas durante seu governo colocaram o Uruguai na moda. Todos os que me conhecem e vão viajar para lá me pedem dicas. Anote esta aqui, escolhida ao acaso: assistir ao desfile de uma *comparsa lubola* – bloco de rua que toca o ritmo afro-uruguaio *candombe* –, no cruzamento das ruas

Cuareim e Isla de Flores, e depois degustar uma pizza a cavalo (pizza à moda italiana: massa e molho de tomate, sem queijo) com *fainá* – um quitute local feito de farinha de grão-de-bico – ou um *chivito* (espécie de x-tudo de picanha) no Viejo Pancho; para beber, cerveja *pilsen* e uma bebida de cola autóctone: refrigerante de pomelo.

O Uruguai de hoje é uma democracia vigorosa, mas nasci nos tempos obscuros da ditadura militar. Lembro-me de que, no ensino médio, toda segunda-feira nos colocavam em fila e passavam revista nas roupas e no corte de cabelo. Tinham de estar impecáveis, se não levávamos advertência e depois suspensão. Cabelo curto na frente e nos lados, raspado na nuca. Uniforme completo e bem passado, camisa azul-celeste, calça cinza, pulôver azul-marinho, gravata bordô, meias brancas e sapato preto. Vale mencionar que, apesar de o Liceu Miranda, onde estudei, ser uma instituição pública e gratuita, o uniforme tinha que ser providenciado pelas famílias; no Uruguai, nem o Estado nem as prefeituras oferecem uniforme aos estudantes. Tive um mocassim de couro com fivela niquelada na lateral que usei até gastar, tinha um furo enorme na sola – nos dias de chuva o pé ficava encharcado. Minha mãe queria jogar fora o sapato. Como a minha família não tinha dinheiro para comprar outro, eu dava um jeito de colocar o sapato furado na mochila sem que ela percebesse e trocava na rua. Era o único elemento das vestes que permitia alguma personalidade! Foi uma algazarra quando, após o término da ditadura, nós estudantes pudemos vestir as roupas que queríamos e, assim, criar nossa própria identidade.

Por outro lado, meu pai conta que, durante um bom tempo, percebeu carros suspeitos que o seguiam. Acreditava que era por causa da minha tia que estava presa. Mas um dia, sem mais nem menos, sumiram sem importuná-lo.

Tirando os detalhes da disciplina militar no liceu e a questão das atividades da minha tia, o meu universo infantil foi pouco permeado pelo cenário político. Cresci na rua.

Em Montevidéu, há mais de cem associações desportivas ou recreativas que marcam a identidade dos bairros e perambulei por algumas delas. Nos arredores da minha casa ficavam o Club Atlético Aguada (basquete), o Club Atlético Goes (basquete), o Club Sudamérica (futebol), o Nova Palmira (futebol infantil) e o Inca (bocha).

Bem na minha esquina ficava o Montevideo Basketball Club (MBBC), que foi verdadeiramente uma segunda escola. Passava tardes inteiras na cantina, jogando pebolim, bilhar, fliperama e truco, ouvindo os causos dos boêmios de plantão. Também joguei basquete. Passei por todas as categorias de base e cheguei a disputar algumas partidas com o time principal. Gostava muito de treinar, da mecânica e ritmo dos exercícios e da partida ao final do treino em que colocávamos em prática as jogadas ensaiadas. Baixinho que sou, jogava de armador e isso implicava escolher e dirigir as jogadas que seriam feitas. Levantava um dos braços, sinalizava uma posição com os dedos da mão e *voilà*.

Nos dias de jogo, acordava cedo de tanta ansiedade. Um conjunto de pequenos rituais se sucedia: a concentração no clube, o trajeto até o estádio, o ato de vestir o uniforme do time no vestiário, os exercícios de aquecimento... A adrenalina ia aumentando com a realidade se aproximando. Quando entrava na quadra era como entrar em transe, tudo em volta desaparecia e a experiência de mundo se reduzia àqueles poucos metros quadrados e às pessoas ao meu redor. Era viciante e inebriante. A única coisa que conseguia me desconcentrar e desconcertar eram os gritos da minha mãe na beira da quadra.

Nunca tive a sensação de me saber campeão. Pelo contrário, uma das lembranças mais marcantes tem a ver com uma derrota que sofremos contra o Clube Stockolmo, no Estádio del Prado. Nesse dia, nosso time estava desfalcado por causa de uma gripe e tínhamos poucos jogadores no banco de reservas. No basquete, cada jogador pode cometer até cinco faltas, depois disso fica fora do jogo. Estávamos sendo massacrados e nosso time ficou logo com quatro jogadores em campo, eu entre eles. O mínimo para que o jogo continuasse era de três jogadores, e o nosso treinador pedia insistentemente para que fizéssemos falta, ele queria terminar a partida logo para diminuir o vexame. Um pouco por raiva – ou garra, depende do ponto de vista –, um pouco pela juventude, os quatro resistimos até o final. Para cada cesta que nós fazíamos, o time deles convertia três ou quatro. Foi a maior "goleada" que recebemos nesse campeonato, e nós quatro ficamos três partidas fora do time.

Apesar de eu gostar muito de basquete e de treinar seriamente, era um jogador médio, não tinha muito destaque e parei de treinar aos 17 anos. O pouco de disciplina que tenho certamente é herança desses dias. Por outro lado, conheci praticamente toda Montevidéu por causa dos jogos de basquete, e também por gostar de futebol. Acompanhava todos os jogos do Nacional nos estádios da cidade.

Dos clubes que ficavam perto de casa, lembro-me com carinho do Sudamérica. Lá tinha uma pista de skate, e, embora minha família não tivesse recursos para me oferecer um, eu dava um jeito de pegar emprestado com a galera. Levei muitos tombos, nunca consegui andar direito. Recentemente, decidi aprender a andar de skate para estimular o meu filho, então com três anos. Foi massa, ele pegou gosto, assim como a minha filha. Eu melhorei, mas continuo no nível iniciante. No *longboard*, até que consigo acompanhá-los em declives suaves, como o da marquise do Parque do Ibirapuera. Em dias de muita audácia, arrisco até a descida do Parque da Independência, sem dispensar capacete, joelheiras e cotoveleiras.

INVENTANDO MUNDOS

No bairro havia uma turma grande de amigos, "La barra". As ruas eram nosso quintal: fazíamos corridas de carrinhos de rolimã, catávamos a pedradas os coquinhos das palmeiras de butiá (uma fruta típica), jogávamos bola, contávamos histórias. De vez em quando, quebrávamos alguma janela e tínhamos de mudar de quarteirão por alguns meses.

Perto de casa ficava a Faculdade de Medicina. A sala de práticas de anatomia dava para uma das ruas laterais e as janelas tinham exaustores, pelos quais ficávamos bisbilhotando os estudantes. Sabíamos os dias da semana em que essas aulas ocorriam e passávamos lá para espiar pela janela e ver os corpos sem movimento estendidos nas mesas. Às vezes, os corpos eram transportados dentro de enormes tanques de vidro com formol, era impressionante e mórbido, mas a curiosidade era maior. Certa vez, um estudante nos pegou pendurados na janela e nos contou uma história sinistra. Na faculdade, tinha um porão onde iam parar ossos e partes do corpo não utilizadas. Diziam que se ouviam vozes e gemidos. Os mais velhos trancavam os calouros no porão. Nunca soubemos se a história era verdadeira, mas a gente delirava pensando como seria estar lá dentro.

O Frigorífico Modelo, localizado bem em frente à minha casa, também era um lugar que instigava nossa curiosidade. O prédio ocupava um quarteirão inteiro, tinha quatro andares e não sei ao certo quantos subsolos. Grande parte do que acontecia lá nos era desconhecido, e isso alimentava nossa imaginação. Corria o boato de que certa vez um funcionário foi esquecido dentro de uma das câmaras frigoríficas e foi encontrado congelado dias depois.

No frigorífico, eram feitas as barras de gelo que supriam os supermercados da cidade. A gigantesca e rudimentar máquina que produzia as barras de gelo era como um brinquedo de parque de diversões: um robô gigante e barulhento, que despejava vinte barras de gelo a cada 15 minutos. Ficávamos esperando que a máquina expelisse as barras de gelo, e atrapalhávamos o serviço do pessoal. Um braço mecânico emergia de uma grande cuba de água de gelada – 30 m ☐10 m, talvez? – e, num tablado de madeira, despejava as barras, que deslizavam alguns metros e batiam numa trave, fazendo um enorme estrondo. Os funcionários, utilizando um gancho de metal, iam pinçando as barras e empurrando-as por improvisados trilhos de madeira sobre cavaletes que, espalhados pelo espaço, criavam uma autopista que as encaminhava até as caçambas dos caminhões distribuidores. O ritmo das barras passando pelos desajeitados e improvisados trilhos, fazendo toda espécie de sons, era um espetáculo. A nossa diversão era distrair os funcionários para que alguma barra de gelo escapasse dos trilhos e se espatifasse no chão. Catávamos os cacos de gelo e saíamos correndo, molhando uns aos outros.

Outra diversão era surrupiar alguma fruta dos caminhões que traziam mercadoria para as câmaras frigoríficas. Os longos veículos ficavam em fila na minha rua, e o pessoal de "La barra" fazia de tudo para distrair os motoristas por alguns segundos. Um de nós escalava a caçamba e pegava bananas, laranjas, maçãs, pêssegos ou pera, dependendo da carga. Eles já nos conheciam – cúmplices, faziam um pequeno "circo" para facilitar nossa ação. Que diferença faria meio quilo de bananas numa carga de cinquenta mil?

A CIDADE-LIVRO

Desde cedo gostei de ler. Comecei com gibis. Gostava muito de uma série argentina que trazia as histórias do Patoruzú, um índio super-herói dos pampas argentinos, e outra de um clássico playboy portenho, o Isidoro Cañones. Também curtia os clássicos: Superman, Batman, Conan, Asterix e Obelix.

Aos nove anos, montei uma banquinha: alguns caixotes cheios de revistas que carregava pelas ruas num carrinho de rolimã. Passava as manhãs inteiras, pelas ruas do bairro, vendendo e trocando. Os lucros eram mínimos, mas, como o material circulava, sempre tinha novas revistas para ler, isso era o que importava.

Na rua em que é realizada a famosa Feira de Tristán Narvaja, havia a livraria Rubens, acho que ainda está lá. Eles tinham uma coleção enorme de livros, revistas e gibis. O sistema deles era de venda, compra ou troca. Pelo material que você levava, ganhava um valor de compra e venda, que era escrito à lapiseira na capa: 15/12, por exemplo, significava que o material custava 15 pesos para compra e que pagariam 12 pesos na hora da devolução. Era um sistema interessante, você podia complementar a compra com dinheiro vivo se os créditos não fossem suficientes – ou podia receber em dinheiro também.

Um dia, o pai de um amigo abriu uma pequena vendinha na esquina de casa, de frente para o Montevideo Basketball Club. Vendia revistas novas por um preço abaixo do normal e me ocorreu uma estratégia de "capitalização": juntava um dinheirinho, comprava as revistas novinhas em folha dele, lia com o maior cuidado para não deixar rastros e depois ia de bicicleta até o Rubens para trocar cada revista "nova" por duas ou três usadas. Isso que se chama unir o útil ao agradável – alimentava a vontade de leitura e a banquinha crescia. Dependendo do movimento e dos recursos obtidos por algum "serviço" oferecido à minha mãe, chegava a fazer essa jogada duas ou três vezes ao dia. Esforçava-me para não dar bandeira com o vizinho, mas certamente meu comportamento não era normal e, se ele descobrisse, eu perderia a galinha dos ovos de ouro. Comprava e saía em disparada para o Rubens, na pequenina bicicleta do meu irmão. Era pura adrenalina. Eu ficava desproporcional e desengonçado pilotando a bicicleta do meu irmão, minha imagem devia chamar bastante atenção nas ruas da cidade. Um dia, as revistas da vendinha acabaram e o vizinho não renovou o estoque, não era lucrativo. Sei.

Por volta dos 15 anos, assinei o clube do livro chamado "Leitores de la Banda Oriental", que editava um livro por mês a um custo muito baixo. Comecei a devorar Joyce, Faulkner, Hemingway, T. S. Eliot, Stendhal, Dostoiévski, Pushkin, Gogol, Pirandello, Ionesco, tudo junto e misturado ao gosto do editor. Lembro-me particularmente de um romance labiríntico do escritor uruguaio Mario Levrero que me deixou algumas noites sem sono: "El lugar" (O Lugar). O personagem principal acorda num lugar desconhecido e completamente escuro. Não lembra quem é, nem como foi parar ali. Começa a explorar o espaço por meio do tato e vai descobrindo um labirinto de quartos praticamente iguais, apenas pequenas diferenças entre um e outro. Aos poucos, vai reconectando fatos isolados da sua vida, juntando cacos e recobrando a sua identidade. Um sem-fim de fatos surpreendentes ocorrem à medida que ele evolui no labirinto. Não vou dar *spoiler*, só quero comentar que essa foi a primeira vez que tive vontade de ter uma câmera e transformar as imagens mentais em imagens em movimento. Pouco tempo atrás, numa das minhas visitas à minha família em Montevidéu, descobri, numa das bancas de livros da Feira de Tristán Narvaja, que o livro fazia parte da chamada "Trilogia Involuntária", que incluía "La Ciudad" e "Paris". Comprei na hora e devorei em poucos dias, inclusive "El lugar". Fiquei com a ideia de que seu estilo é uma espécie de realismo fantástico da alma humana.

Mais adiante, descobri uma mina de diamante e me transformei num verdadeiro "rato de biblioteca". Montevidéu é uma cidade com muitas associações culturais, como o Instituto Goethe, a Aliança Cultural Uruguai--Estados Unidos, o Instituto Italiano de Cultura e a Aliança Francesa. Todas essas instituições emprestavam livros, CDs, filmes e vinis. Toda semana eu fazia uma "rapa" pelas bibliotecas e voltava para minha casa de ônibus, repleto de material. Além de literatura, comecei a me interessar pelas artes. Foi um período de ampliação de repertório, de me aprofundar nos labirintos da linguagem e no pensamento abstrato. Para um garoto entre 15 e 18 anos, no começo era bem difícil entender as figuras de ponta-cabeça de Georg Baselitz, a videoarte de Bruce Nauman – em que ele anda desengonçado em volta de um quadrado marcado no chão –, ouvir "A Sagração da Primavera", de Igor Stravinsky, ou a música dodecafônica de Arnold Schoenberg. Hoje é diferente, crianças e adolescentes são muito mais espertos e sabidos, graças à quantidade de informação que circula por vias eletrônicas, na internet, nos *games*, nas séries de TV e em *streaming*. Atualmente, as histórias e os roteiros são extremamente complexos e incorporam informações da arte, ciência, economia, política, comportamento, etc., de maneira simples e sem tabus. Percebo isso claramente na esperteza dos meus filhos.

Nesse tempo, entra na minha vida outro equipamento cultural da cidade: a Cinemateca Uruguaia. Na época com três salas de cinema e um plano de assinatura mensal muito econômico – o equivalente a uma entrada e meia num cinema convencional –, os associados tínhamos acesso livre a todos os filmes projetados. Por vezes, as salas projetavam um filme diferente a cada sessão e eu passava a tarde inteira lá. Lembro que, com 14 anos, entrei de gaiato para ver "The Wall", do Pink Floyd, e "O sétimo selo", de Ingmar Bergman – um filme em preto e branco em que um cavaleiro joga xadrez com a morte para decidir seu futuro. Lá, conheci as produções experimentais de Andy Warhol, como "Empire", um filme de oito horas de duração e câmera fixa – sem movimentos –, que mostra o edifício Empire State, de Nova Iorque. Nos filmes de longa duração do Warhol não há narrativa, o interesse passa por revelar a natureza do tempo, da percepção e da linguagem. Se você conseguisse ficar algumas horas na sala, perceberia pequenas mudanças na cena – por exemplo, à medida que vai escurecendo, as janelas vão sendo acesas. A falta de uma história leva o espectador ao devaneio. Comecei a imaginar como seria a vida nessa cidade que diziam ser o centro do mundo e que eu ainda não conhecia. Como tantas coisas naqueles dias, não compreendia muito bem as proposições "estranhas" da arte contemporânea, mas pensava que aquilo tudo deveria ter algum valor e que um dia entenderia. Fiquei um tempo, saí para ver outro filme na sala ao lado e voltei depois (lembre-se: eu disse que o filme tem oito horas!).

Outro filme de que me lembro é "Powaqqatsi: a vida em transformação" (1988). Uma narrativa abstrata e sem diálogos sobre a vida nas cidades, em que as imagens se seguem vertiginosas e em sincronia com a trilha sonora hipnótica de Philip Glass. Hoje estamos habituados a esse tipo de linguagem acelerada e fragmentada, que o videoclipe utiliza muito, mas, na época, era novidade. Pense que a emissora MTV, que revolucionaria a comunicação, estreou nos Estados Unidos em 1981. A trilogia "Qatsi", dirigida por Godfrey Reggio e que inclui "Koyaanisqatsi: a vida em desequilíbrio" (1983) e "Naqoyqatsi: a vida como guerra" (2002), é um marco desse tipo de cinematografia e inspirou muitos cineastas e videoartistas.

Lembro-me também de ter visto dois filmes brasileiros que *fizeram a minha cabeça*: "Bar Esperança, o último que fecha", dirigido por Hugo Carvana, e "Ópera do malandro", adaptação cinematográfica da peça homônima de Chico Buarque, dirigido por Ruy Guerra. Retratam uma realidade completamente diferente de tudo o que eu vivenciava em Montevidéu. O primeiro conta a história de um grupo de amigos que frequentam um bar em Ipanema, no Rio de Janeiro. Me chamava a atenção a relação afetuosa dos personagens, contrastava com o que observava no boteco em que tomava café da manhã com meu pai, ou na cantina do clube, onde cada um ficava na sua e os diálogos era supérfluos. Tinha cenas de nudismo e isso era novidade para mim. O mesmo com a "Ópera do malandro", tudo era novo e diferente. Sem dúvida, os filmes contribuíram para que eu criasse uma imagem idealizada do Brasil, pautada no estereótipo do povo festeiro, hospitaleiro e cordial.

Montevidéu também oferece muita música. Além da suculenta oferta de música popular, a cidade tinha diversas orquestras de música clássica e conjuntos de câmara. Gostava muito de ir aos concertos, no domingo pela manhã, na Sala Balzo, que fica na tradicional Avenida 18 de Julho. Um pouco por ter estudado música desde pequeno e um pouco pelas minhas incursões nas bibliotecas e centros culturais da cidade, adorava relacionar a música ao período histórico em que tinha sido criada. Já parou para pensar nisso? Será que haveria funk carioca e paulista sem as tecnologias contemporâneas? O funk brasileiro se inspira num ritmo dos anos 1980 chamado *miami bass*, uma variante de hip-hop que explora os sons graves. Uma vez ouvi o Grandmaster Raphael, um dos pioneiros do movimento no país, contar da dificuldade que tinham até para entender o som. Era tão diferente que eles não tinham nada parecido no repertório. Naqueles tempos, era difícil ter acesso a músicas fora do convencional, somente viajando e garimpando em lojas especializadas. Além disso, no Brasil daquele tempo, as importações eram restringidas e havia uma defasagem tecnológica. Raphael conta que ele e outros tentaram reproduzir o som do *miami bass* com os equipamentos analógicos que tinham. Foi em vão. Até que descobriu que aquele ritmo era feito por um novo tipo de equipamento, uma bateria eletrônica (!), a famosa Roland TR-808. Hoje, um bom engenheiro de som ou uma pessoa curiosa com acesso à internet conseguiria reproduzir o *miami bass* a partir de técnicas de síntese analógica. Mas, na época, com a pouca informação que circulava, era praticamente impossível que um morador de comunidade reproduzisse aquele som!

E a pergunta retorna: não fosse o computador e a internet, haveria funk brasileiro? Nunca saberemos ao certo, mas devemos concordar que a democratização dos meios tecnológicos está intimamente ligada à produção cultural do nosso tempo. No caso do Brasil, propiciou, entre outras coisas, a emergência e explosão da criatividade nas favelas. E quando utilizo o termo "favela", não há conotação pejorativa, ao contrário, o Brasil tem muito a aprender com as pessoas e as dinâmicas solidárias e criativas das favelas. A internet permitiu que os artistas furassem o filtro dos grandes meios de comunicação e criassem redes paralelas de difusão, novos circuitos e mercados. Esses artistas e criadores, à risca, não precisam ser virtuosos num instrumento ou saber teoria musical, basta que sejam curiosos, tenham vontade para aprender a operar o computador e gostem de música.

Voltando àqueles dias em que assistia aos concertos matinais, estava interessado na música feita na passagem do século XIX para o século XX e em tudo o que vinha depois até os anos 1960. Sabia que, nas artes plásticas, tinha havido uma grande revolução com o cubismo de Picasso e outros movimentos de vanguarda que traziam novas, e por vezes escandalosas, formas de representar a realidade. A Revolução Industrial e as máquinas de velocidade – carro, trem, avião – estavam fazendo a cabeça da galera. Alguns achavam *uó*, acreditavam que estávamos nos transformando em autômatos – imagine se conhecessem nossos tempos de internet! Outros faziam apologia à máquina e enxergavam um futuro em que todos os problemas da humanidade seriam resolvidos.

Eram momentos de extrema ruptura, de ideias inovadoras que, na música, se manifestavam de forma diferente em cada continente. Na Europa, surgia o serialismo e o dodecafonismo, que propunham uma quebra radical com a harmonia tradicional, exigindo um ouvido aberto e atento. Conhece? Faça uma busca na internet por "Arnold Schoenberg" e depois me diga. Os experimentos europeus eram abstratos; nas Américas, as ideias europeias se misturavam à cultura local, que incluía os habitantes originários, milhares de tribos indígenas, e as diversas nações de africanos – terrivelmente escravizados. Nos Estados Unidos já estava fermentando o blues e o jazz, e compositores como Aaron Copland e George Gershwin incorporavam essas sonoridades. No Brasil, havia Villa-Lobos e Camargo Guarnieri, dentre outros compositores que tentaram extrair a alma do país-continente. Meu interesse por essas sonoridades envolvia uma paixão "detetivesca", eram sons diferentes e estranhos dos quais tinha que se aprender a gostar. Geralmente gostamos de músicas que nos tocam pelo ritmo, pela letra, ou simplesmente por razões sensíveis que não conseguimos descrever. Há a ideia de que a arte se conecta com nosso interior, preexistente e "sabido". Eu fazia um esforço em sentido contrário, tentava gostar – nem sempre dava certo – a partir da junção da experiência com a razão. Razão e emoção não são opostos, são complementares: um educa o outro, que educa o um.

Por essas aventuras no cinema, teatro, concertos e bibliotecas é que chamo Montevidéu de "cidade-livro". Não seria quem sou, não pensaria como penso, não faria o que faço da maneira como faço se não fosse ela. E fazia tudo isso sozinho, um costume que tenho até hoje. Quando se trata de arte e experiências estéticas, gosto de moldar o tempo à minha maneira, sem ter que fazer sala pra ninguém.

CAMPING: COMEÇO DA INDEPENDÊNCIA

Com os amigos do clube, comecei a frequentar os primeiros bailes, ir à praia, sair para fazer *camping*. O primeiro foi aos 14 anos. Eram tempos em que se armava a barraca na beira da praia e se podia deixar o dinheiro e todos os pertences sem nenhuma preocupação. Levávamos panelas e utensílios de cozinha, fazíamos fogo e cozinhávamos, não tinha essa de comer fora. Adorava pescar, sabia tudo a respeito. Lembro-me de uma noite em que estava sozinho, pescando num rochedo famoso "pé de corvina". Após horas sem pegar um único peixe, chegou um grupo barulhento que começou a pescar uma corvina atrás da outra. Fiquei louco e curioso. Fui trocar uma ideia e conferir o tipo de isca que estavam utilizando. Era a mesma que eu utilizava, *almeja*, mas havia um detalhe importante: eles colocavam um pouco de uísque antes de jogar no mar! Não é história de pescador, é verdade! Aquela noite fui embora *zerado*, mas com um sorriso no rosto.

Outro barato dos dias de acampamento era ficar olhando para o céu. A ausência de luz fazia do céu algo espetacular. Ficávamos contando estrelas cadentes, e havia muitas. Também contávamos histórias de mistério, de extraterrestres, de discos voadores, do monstro do Lago Ness, do Triângulo das Bermudas. Essas eram as histórias e boatos que povoavam a nossa imaginação ao sul do Equador em tempos pré-internet.

Lembro-me também de uma vez em que fomos acampar no Chuí, a cidade que faz fronteira com o Brasil pela costa. Gostávamos muito de ir lá porque podíamos comprar suprimentos mais baratos do lado brasileiro. Comprávamos comida, varas de pesca, lanterna, baterias, roupas e, às vezes, até a própria barraca.

Dessa vez, posicionamos a barraca do lado brasileiro da fronteira e apareceu um sujeito barbudo falando um português atravessado. Nenhum de nós falava a língua, mas fomos nos entendendo. Descobrimos que ele vivia sozinho, autoexilado, numa precária construção à beira da praia. Contou que era caminhoneiro e tinha perdido mulher e filha num acidente de trânsito. O corpo dele tinha sido atravessado por uma vara de ferro (uma grande cicatriz no abdome não o deixava mentir). Demos a ele o apelido de Tentação, pois a toda hora repetia: "Ahhhhh, tentação". Gente boa pacas, nos ajudou a montar o acampamento e nos deu dicas preciosas sobre o lugar: a praia era cheia de mariscos.

Uma tarde, o Tentação nos convidou para acompanhá-lo até Santa Vitória do Palmar, cidade que ficava a 20 quilômetros. Só eu aceitei acompanhá-lo, pensei que alguma coisa divertida poderia acontecer, conheceria uma cidade nova e teria histórias para contar aos outros. E lá fomos nós, em seu fusca cor de vinho, caindo aos pedaços. Durante a viagem, pensei várias vezes: "O que estou fazendo aqui?! Mal conheço este sujeito, mal falo português, e ele bebe pinga permanentemente".

A estrada no Sul do Brasil é uma grande e interminável linha reta, assim como a praia, que, se comparada aos padrões do Nordeste, não tem graça nenhuma, não há palmeiras, nem recantos, nem águas cristalinas. Chegamos a Santa Vitória, e resulta que o Tentação era figurinha carimbada, todo mundo o conhecia. Andávamos pelas ruas da cidade e ele parecia a rainha do Carnaval, acenando para os lados com o braço para fora do carro.

Almoçamos na casa da sua irmã – o primeiro PF da minha vida – e visitamos alguns dos seus amigos. Fui recebido muito afetuosamente em todos os lugares, e isso me chamou a atenção. Me ocorreu que o afeto e a atenção que ele recebia vinham em parte do fato de as pessoas conhecerem a sua trágica história, e, de alguma maneira, esse carinho se estendia à minha figura.

Antes de regressar, fizemos uma parada num boteco. Ele encheu o tanque e me fez comprar uma garrafa de pinga Velho Barreiro, para nos ensinar a fazer caipirinha. Voltamos ao cair do sol, que se punha esplêndido, laranja, à esquerda. O rádio sintonizava uma estação local, fomos em silêncio, eu tentando decifrar as palavras do apresentador e entorpecido pela "sofrência" das canções; ele, no grau, viajava no seu universo particular – ao qual, naquele momento, eu não tinha acesso. Quando chegamos, senti o alívio dos que ficaram, estavam preocupados comigo. A caipirinha dispersou qualquer mau humor.

A experiência representou a minha primeira imersão na língua portuguesa, antes de me apaixonar pela música brasileira, que descobri nos discos do Olodum, que meu cunhado trazia das suas férias em Salvador.

O FRANCÊS DA LEGIÃO ESTRANGEIRA

Um dia, descobri o hoje famoso Cabo Polônio, onde tive experiências que levaria para toda a vida. Conheci pessoas que viviam o ano inteiro num território inóspito, e aprendi – em parte – a viver como elas, sem frescuras. Lá não há luz elétrica nem água encanada, e, na época, havia poucos suprimentos. A dureza da vida nessas situações nos leva a repensar a nossa própria realidade e nossos valores, nos leva a olhar para dentro e descobrir o essencial na gente.

Como seu nome indica, não chega a ser uma península, apenas um cabo isolado da rodovia mais próxima por oito quilômetros de dunas e ladeado por duas praias, ao norte a praia da Calavera (caveira) e, do outro lado, a praia Sur (sul). O lugar era frequentado por pouquíssimas pessoas e havia certa mística a seu respeito, alimentada pelos relatos dos viajantes. Dizia-se que era um lugar de muitos naufrágios e tesouros; que as dunas estavam vivas, pois mudavam de lugar com o passar dos dias; que nos dias de vento sul era possível ouvir o lamento dos lobos-marinhos que habitavam as ilhas próximas da costa.

Nos anos 1970, uma comunidade de aventureiros e hippies construiu os primeiros ranchos na proximidade do farol, onde operava uma indústria pesqueira estatal que explorava a colônia de lobos-marinhos que habita as três ilhas perto da costa. Como a propriedade das terras era contestada por duas famílias, o Estado fazia vista grossa e isso fez com que, ao longo do tempo, a ocupação do território fosse espontânea e irregular, até a década de 1990, quando foram proibidas novas construções. Apesar da falta de planejamento, as construções pequenas e precárias – de 30 m², em média – respeitam uma regra básica: ficam, no mínimo, a 50 metros umas das outras, para preservar o lençol freático. Na praia da Calavera, era possível fazer um poço de 30 centímetros com as mãos e obter água doce, já pensou?! Hoje, não mais.

Quando comecei a frequentar a casa do meu amigo Crocci – seu pai tinha construído um dos primeiros ranchos que ficava no centro da vila –, só era possível chegar a pé pelas dunas, o que fiz muitas vezes, ou nas carroças puxadas por cavalos dos moradores locais. Sempre após a baixa do arroio Valizas, ao entardecer. Era uma grande aventura, que tinha de ser planificada rigorosamente, desde a escolha do horário do ônibus que nos levaria desde Montevidéu até Valizas – nossa chegada devia coincidir com a vazante –, passando pelas roupas adequadas para atravessar o minideserto de dunas, sem esquecer de levar bastante água e frutas para o caminho.

Havia uma mudança substancial em relação aos tempos de *camping*, em que, embora estivéssemos no meio da natureza, sempre era possível recorrer às vantagens da civilização para repor suprimentos, ou até, em casos extremos, para utilizar serviços de saúde. O dia a dia no Polônio – como também é conhecido – era completamente rústico. Carregávamos boa parte das provisões nas mochilas, e os produtos básicos de subsistência, como os botijões de gás de três quilos que usávamos para cozinhar, tinham de ser encomendados com antecipação com seu Lujambio, dono da única vendinha local. O telefone ficava no farol, único lugar com luz elétrica, onde moravam os poucos funcionários do Estado. Além deles, a vila de pescadores era habitada de forma permanente por não mais do que 50 pessoas.

Na loucura cibernética de hoje, o tempo escorre pelas mãos, mas no Polônio o tempo escoava devagar. Acordávamos cedo, preparávamos o chimarrão e íamos de casa em casa, falando qualquer coisa com os pescadores, que sempre tinham uma história para contar. À tarde, geralmente líamos na praia, que no nosso caso significava sair à porta de casa, e, à noite, jogávamos baralho e jogos de tabuleiro, como o Scrabble, à luz da vela. Quando era lua nova, pescávamos manjuba *a la encandilada* (à luz do farol de gás). Hoje, procuro reproduzir aqueles dias com meus filhos. Faz oito anos descobri a Praia Vermelha do Sul, em Ubatuba, e, desde então, nossas férias são lá. Tem luz elétrica e água encanada, mas o supermercado mais perto fica a 7 km, o sinal do celular é baixo e intermitente e há um único vendedor de sorvete na praia toda. Não tem muito o que fazer a não ser curtir a natureza e praticar a desconexão. Nadamos, pescamos e caçamos pitú, lemos, inventamos histórias de terror, tocamos violão... Até tentamos pescar *a la encandilada*, mas até hoje não deu certo.

Uma das coisas que eu mais curtia era quando andávamos pelas dunas até nos perdermos. Voltávamos somente à noite, guiados pela luz do farol de Cabo. O compositor uruguaio Jorge Drexler – que ficou popular no Brasil após ter sido indicado ao Oscar pela canção escrita para o filme de Walter Salles "Diários de motocicleta" – resumiu a experiência em sua música "12 segundos de escuridão":

Gira o feixe de luz para que se veja desde o alto-mar

Eu buscava o rumo de regresso, sem querê-lo encontrar

...

Não é a luz

O que na verdade importa

São os 12 segundos de escuridão

Não sei qual é a experiência de um capitão de navio – Cabo é lugar de naufrágios –, mas, do ponto de vista de um ser humano "perdido" a quatro ou cinco quilômetros de distância do farol, no breu da lua nova, a poesia de Drexler é de uma beleza tamanha. Ilustra perfeitamente o estado de espírito do viajante brincante. Depois de andar horas a fio pelas dunas, o corpo fica sem energia e roga para voltar. A mente explora estados alterados de consciência, a visão embaça, as miragens confundem, a adrenalina oscila. No topo da duna, a luz do farol indica o caminho de regresso; na parte baixa, o céu estrelado convida a deitar e devanear. A poesia dessas paisagens e a intensidade daquelas experiências alimentam meu imaginário até hoje. Vestígios, reminiscências e até evidentes citações podem ser percebidas em muitas das minhas obras, como a instalação "Iceberg", que fiz em 2018, em que feixes de *laser* lembram faróis.[1]

---

1 https://blogart.com/iceberg-exposicao.

Naqueles dias, fui testemunha da repentina e surpreendente aparição do "Francês de Cabo Polônio", personagem que modificaria para sempre a dinâmica do lugar. Para a perplexidade dos locais, que ganhavam uns trocados transportando pessoas a cavalo, no verão de 1989, ou 1990, Raymond Bruneaux começou a fazer viagens numa camionete Dodge WC. Com uma careca raspada e reluzente, vestia uniforme militar e falava pouco ou nada, num espanhol rudimentar carregado de sotaque "francês". Fui um dos primeiros a viajar com ele.

Em tempos em que a informação corria lenta, surgia um mito... Ele teria desertado da Legião Estrangeira, estaria jurado de morte, teria cometido um assassinato... Raymond alimentava o mistério, evitando falar do seu passado e assumindo atitudes corajosas: deixava os visitantes bem no meio da quadra de futebol, uma verdadeira afronta. Xavecou os moradores, tentando convencê-los de que o transporte motorizado atrairia turistas. Não é difícil imaginar que naquele fim de mundo, onde a economia era estagnada e o inverno, cruel e impiedoso, cedo ou tarde a ideia vingaria. No verão seguinte, surgiram os curiosos e pitorescos veículos que hoje fazem parte do lugar. Um punhado de caminhões militares aposentados pelo exército uruguaio, arrematados por um preço irrisório e customizados "à moda Frankenstein", um agregado de perfis de metal de gosto duvidoso e funcionalidade limitada. Procure na internet e confira se estou exagerando.

O francês morreu de câncer pouco tempo depois, em 1996, levando consigo o seu passado. Hoje, acredita-se que foi um cara com faro para os negócios e bom de marketing, que ao se deparar com aquele paraíso pouco explorado teve a ideia de unir o útil ao agradável. Foi um grande aprendizado ter acompanhado todas essas mudanças de perto, ouvir os dilemas dos moradores e ser atravessado pela força da história.

O outrora desconhecido povoado à beira-mar hoje recebe 80 mil turistas no verão. As dunas vivas que mudavam de posição durante a semana desapareceram – justiça seja feita, não por causa dos caminhões, que hoje entram pela praia Sur. Um plano de florestação sinistro modificou os ventos da região e acabou com elas. Muito para pensar a respeito, em tempos em que a natureza vem sendo vilipendiada e a ecologia colocada em xeque por vieses obtusos.

A penumbra e os segredos da luz de vela vêm sendo suplantados pelas lanternas de *led*, e os painéis solares são cada vez mais comuns. Nas ilhas, os lobos-marinhos vivem em paz, porém a população, antes controlada, aumentou consideravelmente, a ponto de os animais, expulsos, ficarem exilados nas pedras da encosta do farol. Mesmo com o atropelo civilizatório, o lugar não perde o encanto.

Foi nos encantos da praia de Cabo Polônio que, no dia de Iemanjá de 1997, ao colocar uma oferenda à luz da lua, começamos a namorar, Paola *y yo*.

CAPÍTULO 2

¡BRASIL, A VER QUE PASA! (*)

(*) Brasil, vamos ver o que acontece!

Antes de vir para o Brasil trabalhava com design gráfico. Não foi uma escolha minha. O meu sogro à época, o artista plástico Humberto Tomeo, enxergando minha habilidade para o desenho e o gosto pelas artes, sugeriu que fizesse um curso de impressão em serigrafia e ele bancaria. Achei bacana e topei. Como ia muito bem e me mostrava interessado, ele logo montou uma pequena estrutura para trabalharmos juntos, eu seria seu assistente.

A princípio, imprimíamos suas próprias obras de arte e os cartões de Natal que a sua empresa enviava no final do ano. Mas logo peguei o gosto pelo design e, vasculhando sua extensa biblioteca, descobri os livros do designer italiano Bruno Munari, a obra de Saul Bass e Reid Miles. O primeiro foi responsável pelos créditos de vários filmes de Alfred Hitchcock, e o segundo, pelas capas dos discos do lendário selo de jazz Blue Note. Descobri também a Bauhaus, a escola alemã que tinha revolucionado o design no século XX. Cara de pau, logo estava criando logotipos e oferecendo serviços de design e impressão.

Também comecei a produzir minhas próprias obras em serigrafia. Aos 17 anos, fiz minha primeira exposição na Cátedra Alicia Goyena, uma biblioteca pública que ficava em frente ao estúdio.

Nesse ano, prestes a entrar na universidade, tive de fazer a minha primeira escolha profissional. Os pais de uma amiga tinham me convencido a cursar ciências da computação, diziam que seria a profissão do futuro – e estavam certos, visionários! Embora não tivesse a mínima ideia sobre o que fazia um cientista da computação, como gostava de matemática e queria ter "um bom futuro", me pareceu uma boa opção. Acontece que o professor de desenho do ensino médio, um arquiteto, vendo as minhas aptidões para o desenho e meu envolvimento com as artes, puxou a sardinha pro seu lado e sugeriu que eu estudasse arquitetura. O impasse foi resolvido com o auxílio do meu até então "mentor", Humberto Tomeo. Seria arquitetura mesmo.

> Um dia, por essas coincidências da vida que nos levam a crer que existe um roteirista-mor, conheci meu compadre Francisco Lapetina. Eu tinha acabado de entrar na Faculdade de Arquitetura, e Francisco era o responsável por desenhar e imprimir o cartaz de um encontro de estudantes. *Match!*, viramos irmãos de vida.

Rapidamente montamos nosso próprio estúdio e começamos uma parceria profissional, artística e de vida que cultivamos e adubamos até hoje. Quando começamos, em 1992, não tínhamos computador, fazíamos tudo a mão, recortando, colando, desenhando sobre acetato. Somente em 1995 conseguimos comprar um computador. Como Francisco tinha uma banda e conhecia muitos músicos, nossos primeiros trabalhos foram capas de CDs e cartazes para shows. Na época, eu me envolvi na equipe da revista "Trazo", feita por estudantes do centro acadêmico, e isso nos levou também a prestar serviço para o Ceda (Centro de Estudantes de Arquitetura), para o qual geralmente imprimíamos cartazes e camisetas.

Vivemos muitas histórias juntos. Uma época que rememoramos sempre que nos encontramos tem a ver com uma série de agendas que desenhamos e imprimimos, uma a uma, em serigrafia. O processo era desumano, nos cortávamos todo com o estilete, e nossas mãos ficavam cheias de calos e calombos por causa dos químicos e das centenas de espirais *wire-o* que tínhamos que passar na hora da encadernação. Eram meses de trabalho, dia e noite, para poder terminar a tempo de participar da Feria del Libro y Artesanías del Parque Rodó, que acontecia em dezembro. O resultado financeiro era pífio, éramos – e continuamos – péssimos nas contas. Em contrapartida, curtíamos demais os dias da feira; o ambiente era de camaradagem e conhecíamos uma pá de gente. Hoje, rimos muito ao nos lembrarmos daqueles dias. O custo-benefício era ridículo, porém as noitadas eram deliciosas e faziam tudo valer a pena. Sempre tinha algum amigo tocando violão ou alguém que trazia uma fita cassete rara. Ou jogávamos baralho ou conversa fora.

A minha vinda para o Brasil está relacionada, em parte, ao nosso estúdio e a Francisco. Desde 1960, um grupo de, aproximadamente, 200 estudantes de arquitetura faz uma viagem de formatura ao redor do mundo. A viagem é custeada por meio do "Arquitetura rifa", um programa inventado e gerenciado pelos próprios estudantes que promove a venda de rifas por um período de três anos. A iniciativa é fantástica: além dos benefícios evidentes da viagem, o prêmio principal da rifa é uma casa desenhada pelos estudantes e escolhida por concurso.

Uma conjunção de fatores fez com que o ano da viagem de Francisco coincidisse com a minha vinda para o Brasil. Naquele ano vencia nosso contrato de aluguel e teríamos que nos mudar. Com o sócio ausente e demandas desafiadoras, o futuro se desenhava complicado e fiquei muito inseguro.

O outro fator decisivo foi que, após uma sucessão de eventos fortuitos, conheci uma arquiteta chamada Paola. Mais tarde, descobriríamos que tínhamos estado nos mesmos lugares em várias ocasiões, por conta dos ELEAs (Encontro Latino-Americano de Estudantes de Arquitetura). Tínhamos nos cruzado em São Paulo, Córdoba e Valparaíso entre 1993 e 1995, mas só seria em 1996, quando o ELEA foi realizado em Montevidéu, que Cupido se utilizou de um amigo em comum para cruzar nossos caminhos.

Na época, eu cantava num grupo chamado Suite Montevideo e, no período do encontro de estudantes, faríamos um show de despedida antes da turnê que empreenderíamos pelo Brasil. O hoje arquiteto e ativista social Edgard Gouveia Jr. assistiu ao show e, quando tocamos na Funarte em São Paulo, levou uma turma de amigos. Não preciso nem falar quem estava entre eles, né?

Depois do show fomos comer algo e surgiu a ideia de aproveitarmos os dias que os uruguaios ainda tínhamos em Sampa para fazer uma viagem ao litoral norte. Paola colocou à disposição a casa de praia da família em Ubatuba. Partiu!

Foram dias incríveis, a começar pela casa, que ficava no meio da mata fechada e havia sido construída ao redor de uma árvore. Tudo era novidade para mim: as amplas estradas – no Uruguai temos estradas de duas mãos, no máximo –, as paisagens, a comida, as praias com morros, coqueiros e encostas e, sobretudo, as pessoas. O brasileiro é muito receptivo, generoso, carinhoso, às vezes é despojado e arrojado, sem pudores – às vezes.

A cultura do abraço, então, desloca e seduz qualquer um. Após anos de estudo e desconstruções pessoais, sei que não existe "o Brasil", e sim "Brasis", e que nenhuma idiossincrasia pode ser reduzida a estereótipos. Mas há um consenso entre os estudiosos de que no Brasil há um outro corpo em jogo. Um corpo multicultural e multitemporal, de genética indígena, africana e europeia, sem paralelo. E, sem saber, esse axé todo me fisgou, sutil, irracional e inconscientemente.

Voltei apaixonado pelo Brasil. Tinha ficado de olho em Paola, mas nada tinha acontecido além da amizade. Nos meses seguintes trocamos cartas – provavelmente o leitor menor de idade não sabe o que é isso – e, em fevereiro de 1997, Paola, Edgard e Sidney, outro arquiteto que tinha participado das aventuras da casa da árvore, foram passar férias no Uruguai. Pronto, Cupido jogou a flechada final e tudo aconteceu entre nós. Em março, eu já estava literalmente de mala e cuia em São Paulo. A decisão foi tempestiva, mas consciente.

Minha família ficou surpresa, mas não houve resistência, eu estava decidido. Meus amigos ficaram em choque, queriam saber tudo, onde iria ficar, o que iria fazer. Nessas horas poderia ter apelado para ditados clássicos: "o amor é cego", "a fé move montanhas" e outros blá-blá-blás, mas eu não tinha respostas. Tampouco tinha dúvidas, e isso não deixa de ser surpreendente, pois não havia nada certeiro ou concreto na empreitada toda. E olha como é importante escrever as nossas ideias e pensamentos, remoê-los e ruminá-los para minerar novas versões de si mesmo.

Sempre acreditei que minha decisão foi tomada com base no cenário pessoal instável e na flechada do Cupido. Escrevendo, percebi que tinha inconscientemente me apaixonado pelo Brasil e pelos brasileiros, o que decerto cutucou meu espírito curioso e aventureiro. Foram momentos bem emotivos; eu percebia o quanto era querido e isso me fazia sentir um pouco culpado.

O dia da minha partida parecia um velório. A minha família toda e alguns amigos foram se despedir de mim no aeroporto. Tinha sentimentos contraditórios ao ver o desconsolo dos meus entes queridos, mas também uma ponta de ansiedade a respeito do que viria.

APENAS UM RAPAZ LATINO-AMERICANO

Quando cheguei não tinha expectativas. Era um jovem completamente sem noção. Tinha 300 dólares no bolso, uma pasta com alguns desenhos, e um portfólio de designer gráfico.

Àquela altura já ouvia muita música brasileira – até hoje, meus amigos se espantam com as coisas que tiro da cachola – e não tive grandes dificuldades com a língua. Mas o tamanho das coisas me impressionou muitíssimo. Lembro-me de ouvir, ainda pequeno, no toca-discos da minha tia, Roberto Carlos cantar: "Eu quero ter um milhão de amigos". Ficava horas rodando aquela "bolacha" e juro que fazia um nó na minha cabeça alguém querer ter um milhão de amigos: no Uruguai, éramos menos de três milhões. Mas, quando vi o tamanho de São Paulo, entendi tudo.

A relativa familiaridade com a língua portuguesa não evitou situações engraçadas e gafes. Logo nos primeiros dias, fui comprar "pasas de uba" na vendinha da esquina e não conseguia me fazer entender. Contrariado, fucei as prateleiras até encontrar um pacotinho e mostrei para a atendente. "Ahhh, uva-passa!", falou ela. Ué, mas era só inverter a ordem das palavras e uma ou outra letra, pensei. No espanhol falado no Uruguai e na Argentina, não distinguimos os sons do "b" e do "v", nem o "s" e o "z"; tampouco existem os acentos circunflexo e til, ou a crase. Me atrapalho até hoje, o que costuma gerar gargalhadas.

Como comentei na introdução, o impacto ao chegar a São Paulo foi enorme. A escala e dinâmica da cidade são realmente surpreendentes se comparadas às de Montevidéu. Aqui você fecha os olhos e surge um prédio; deixa de passar uns meses por uma avenida e surge um viaduto. Lá tudo é devagar. O choque acabou disparando aquele *insight* que contei, sobre a imensidão das áreas do conhecimento e a necessidade de optar por uma profissão dentre as tantas em que vinha pipocando, lembra?

Por um bom tempo achei que jamais iria dirigir. O trânsito me parecia uma loucura. Desisti também de guardar o nome das ruas e de qualquer tentativa de organizar mentalmente o território. E vamos combinar que aqueles guias surreais de mais de 500 páginas não ajudavam muito. Pulava-se de uma página a outra numa lógica pouco ortodoxa.

Se você conhece São Paulo sabe que o carro é ferramenta, e, como todo mundo uma vez, tive que encarar. Certo dia surgiu a possibilidade de apresentar meu portfólio para um publicitário. Embora a agência não fosse perto de casa, consultando o guia me pareceu que o trajeto era bastante regular e pensei: é agora ou nunca. Minha referência era Montevidéu, uma cidade planejada. Lá, quando você se perde, basta dar a volta no quarteirão e pronto. Pois bem, marquei as páginas no guia e "partiu!". Era o período de chuvas e caiu um toró daqueles. Me perdi. Para piorar, não conseguia ler uma placa – o que, mesmo assim, não ajudaria muito. No meio do caos que se torna o trânsito nessas ocasiões, busquei, em vão, estacionar para pedir ajuda. Como por um passe de mágica, caí na Avenida República do Líbano, que já conhecia, pois frequentava o Parque do Ibirapuera, e me localizei. Foi só subir a Rua França Pinto e chegar em casa. Tive uma sorte danada, mas juro que passei por maus bocados.

Dias depois, consegui remarcar o encontro, que acabou sendo frustrante. O cara me detonou. Eu continuava "apenas um rapaz latino-americano, sem dinheiro no bolso, sem parentes importantes e vindo do interior", como o personagem da música de Belchior. Fiquei bastante chateado, mas aprendi um bocado com a experiência, que se repetiria um ano depois, e com o mesmo publicitário. Achando que tinha dado um *up* no portfólio, marquei de visitá-lo novamente. Nessa época, ele – que hoje é um reconhecido e premiado diretor de cinema – já estava com a autoestima lá no alto, pois tinha começado a dirigir filmes publicitários na prestigiosa agência onde trabalhava. Pois bem: ele foi ainda mais fulminante que da primeira vez, quase mal-educado. Descobri que o ambiente da publicidade não era para mim. Na verdade, nunca quis ser publicitário, e não era esse o objetivo da minha visita; eu queria apenas ser indicado para algum escritório de design, ou ainda sair de lá com algum *freela*.

Nesse período, já tinha montado meu estúdio de design e ocupava uma pequena sala no escritório de arquitetura que Paola tinha com seu pai. Aliás, Adalton, meu sogro, me recebeu de braços abertos. Ele trabalhava no Inpe (Instituto Nacional de Pesquisas Espaciais). Adalton fazia parte do grupo de arquitetos urbanistas que desenvolviam técnicas de sensoriamento remoto, via satélite, para o planejamento urbano. Fui com ele, em várias oportunidades, a São José dos Campos, onde estão localizadas as instalações, e aprendi a trabalhar com as imagens do satélite Landsat. Na primeira vez, ele me apresentou parte das instalações. Pirei quando entrei numa sala anecoica – onde o som não ecoa e o silêncio é absoluto – em que estava sendo construído um satélite.

Foi numa sala dessas que John Cage descobriu que o silêncio não existe, pois começou a ouvir o som do próprio coração e do sangue correndo nas veias.

No estúdio, eu fazia desenho gráfico e imprimia em serigrafia, como em Montevidéu. Tinha encomendado uma mesa de serigrafia numa marcenaria que ficava na rua do escritório e que, coincidentemente, era de um uruguaio, Pedro, que morava no Brasil havia cinco anos e estava supercontente, bem de vida. "Numa cidade grande como São Paulo, serviço nunca falta", dizia ele. Nos cruzávamos frequentemente na rua e falávamos sobretudo de futebol – ele era Peñarol e eu sou Nacional –, sempre tínhamos papo. De vez em quando, ele fazia churrasco na rua e, saudoso, me contava de sua família no Uruguai. Um dia, se mudou e perdi seu rastro.

Como Pedro, não tive muitas dificuldades para tocar a vida. "Numa cidade grande como São Paulo, serviço nunca falta", e eu tinha meio caminho andado: gente querida por perto, amigos dispostos a ajudar e lugar onde trabalhar.

Meu círculo de amizades era formado principalmente por músicos e arquitetos, que contratavam meus serviços ou divulgavam meu trabalho. No boca a boca, fui seguindo adiante.

O ELEGANTE MORDOMO DAS PALAFITAS

Edgard Gouveia Jr. – aquele que tinha agitado a galera para ir ao concerto em Montevidéu, e que também tinha me apresentado a Paola – coordenava um grupo de estudantes de arquitetura de Santos (SP) que estava articulando a recuperação do Museu de Pesca da cidade, fechado havia décadas. Sabendo que eu estava recém-chegado e tentando a vida, o pessoal me convidou para participar do projeto. Fiz a comunicação visual do museu e a museografia da exposição inaugural, meu primeiro grande projeto no Brasil.

Em 1999, em paralelo ao projeto do museu – que levou um par de anos –, as mesmas pessoas criaram a Universidade Aberta de Verão (UAV), programa de um mês de duração em que estudantes de arquitetura da América Latina faziam uma imersão nas comunidades vulneráveis de Santos. Dessa vez, para além da função de designer, me envolvi intensamente no projeto e acabei conhecendo o Dique da Vila Gilda, um assentamento ribeirinho sobre palafitas extremamente precário.

O contato com essa realidade que desconhecia me transformou profundamente. Não havia nada parecido no Uruguai e o meu cotidiano em Sampa até então se resumia à região da Vila Mariana, Avenida Paulista, Pinheiros. O que mais me tocou não foi a condição material em que aquelas pessoas viviam, e sim os vínculos de amizade e solidariedade entre elas. Lá tinha um mordomo que trabalhava para uma família muito rica de São Paulo e, mesmo podendo morar onde quisesse, não queria sair de lá. O cara era superarticulado e erudito, ouvia ópera e música clássica e falava um português requintado. Todos os dias, oferecia café da manhã para uma dezena de crianças e, no fim de semana, repassava tudo o que sabia sobre a sua profissão para outro grupo de crianças. Uma tarde, fez um banquete para nós com direito a champanhe e nos contou sua história. Ele tinha nascido no bairro e parou de estudar para ajudar os pais nos afazeres da pesca. Um dia, um dos clientes da família o convidou para tomar conta da casa de praia e tudo mudou. "Mas não saio daqui por nada", dizia. "Minha história está aqui, e se eu puder mudar o futuro de algum desses meninos terei ganhado um lugar no céu." Era evangélico.

Outra coisa que me chamou a atenção foi o fato de que a vida acontecia nas ruas, quer dizer, nas vielas, pontes e corredores entre as palafitas. Apesar das dificuldades, era um lugar cheio de vida.

Um dos objetivos da UAV era o de organizar a população para intervir no espaço público de modo a trazer alguma benfeitoria para o bairro. As primeiras atividades foram para quebrar o gelo e construir vínculos de confiança entre as partes: organização, população e estudantes.

Depois, vieram as rodas de conversa e chegou-se à conclusão de que era necessário construir uma praça. Não havia espaços de lazer no entorno. Apareceu gente de todo lugar para ajudar e, em menos de uma semana, conseguimos limpar uma área que até então era um grande lixão. A prefeitura enviou caminhões e funcionários para recolher o lixo, os comerciantes locais fizeram doações – tinha surgido uma rede de cooperação.

Onde antes havia um lixão surgia uma praça com jardins, bancos e brinquedos. Mas o melhor ainda estava por vir. Pouco tempo depois, foi criado o projeto Arte no Dique, um centro cultural comunitário autogerenciado que, posteriormente, se transformaria em "Ponto de Cultura".

Fiquei profundamente tocado pela experiência. O movimento em torno da recuperação do Museu de Pesca e da Universidade Aberta também transformou a vida daqueles estudantes, que acabaram fundando o Instituto Elos Brasil, uma das ONGs mais relevantes do país segundo o Instituto Doar. Por sua vez, a UAV se transformou na Escola de Guerreiros sem Armas.

NÃO PODE SER TÃO SIMPLES ASSIM

Naqueles primeiros tempos de Brasil, busquei, paralelamente ao trabalho de designer, manter a minha produção de artista plástico. Aos domingos, visitava a feira da Praça da República para comprar telas, pincéis e tinta. Tudo era novidade, havia dezenas de lojas, feiras nos estacionamentos e muita, muita gente. Tive de aprender a escolher, na tentativa e erro, entre as inúmeras marcas e tipos de pincéis, telas e tintas.

Um ano depois de ter me mudado, fiz a primeira exposição, na pizzaria Mascarino, na Vila Mariana, onde peço pizza hoje, 23 anos depois!

Por meio do meu cunhado, o jornalista Bruno Paes Manso, conheci uma *marchand* e comecei a vender as primeiras obras. Ela morava no Rio e, quando vinha para São Paulo, me ligava, carregávamos meu carro – quer dizer, o carro de Paola, um Fiat Uno verde ano 1994 – e visitávamos seus clientes. Um dos compradores veio no meu ateliê num carro importado – eu nunca tinha conhecido alguém com motorista. Mostrei algumas pinturas sobre tela e depois os meus desenhos. Ele ficou surpreso ao ver que eu utilizava uma cartolina que a empresa dele fabricava e me disse que produziam uma série de cartolinas foscas de 450 gramas que seriam ótimas para minha técnica em pastel e me mandaria umas resmas de graça. Mexeu no paletó, sacou um pequeno gravador de áudio do bolso da camisa azul e gravou um recado. Parecia um daqueles executivos de filme. Comprou duas obras, uma pintura e um desenho. E depois, outras duas que fiz nas cartolinas que tinha me enviado.

Vendi um bocado de obras com a *marchand*, e o valor das vendas era surpreendente, uns dois mil dólares em valores de hoje. Se, por um lado, eu estava contente, era muita grana, o lado desconfiado do meu cérebro me deixava com uma pulga atrás da orelha. Não podia ser tão simples, não fazia sentido que as obras de um artista jovem e desconhecido valessem tanto, mesmo em São Paulo, mesmo no Brasil.

Na mesma época, em 2000, aconteceu outro episódio que me confirmou que não estava equivocado. Fui convidado a expor na Galeria do Banco Central, na Avenida Paulista. O convite surgiu por meio do artista Zé Guilherme, para quem eu estava fazendo a arte do primeiro álbum. Fui até a galeria, mostrei alguns trabalhos e acertamos o evento.

Já tinha sacado que uma exposição que se preze tinha de ter um texto. Convenci o Juan Figueroa, poeta e cineasta espanhol que tinha conhecido trabalhando para o condomínio do Conjunto Nacional – aquele prédio gigante da Avenida Paulista com a Rua Augusta –, a escrever o tal do texto, seria o primeiro sobre a minha obra. A repercussão da exposição foi ótima, no dia da abertura voltei para casa flutuando: "Tão pouco tempo na cidade e já estou expondo na Avenida Paulista", pensei. Mesmo assim, ainda intuía que faltava alguma coisa. "E depois dessa, que mais?" Eu ia todo dia à exposição para acompanhar o movimento, até que um dia veio o estalo: para seguir em frente sobre bases sólidas, teria de receber o endosso não só dos amigos e familiares, mas também das pessoas do circuito da arte: artistas, críticos, curadores, galeristas. Não conhecia ninguém. Parei com as vendas e as exposições e fui estudar.

CAPÍTULO 3
~~SOM NA CAIXA~~

A música merece um capítulo à parte, porque desde cedo influenciou, direta e indiretamente, minha caminhada.

Quando criança, tive a sorte e o privilégio de estudar na escola pública de música, frequentada por alunos com boas médias na escola convencional – naquela época, eu era "CDF".

Tinha aula três vezes por semana, no período da manhã. Geralmente, era meu pai que me levava – de moto. Lembro-me dos dias de inverno, sete horas da manhã, a moto cortando o ar gelado, eu na garupa, de cachecol, gorro e luvas de lã, agarrado a meu pai. A escola ficava no bairro da Cidade Velha e meu pai cortava caminho pela *rambla portuaria*, uma avenida paralela ao porto que dava de cara com o vento que subia lá da Antártica. Além do frio que corroía os ossos, lembro-me, em imagens borradas, das gigantes gruas azuis e amarelas e dos navios de todos os tamanhos que moravam ao lado da avenida. Quando entrava na escola quentinha, o alívio era instantâneo.

Quando meu pai não podia me levar, ia de ônibus com minha mãe. Na frente do ponto, tinha uma banca de revistas, e eu dava um jeito de importunar até ela comprar um gibi, o que nem sempre conseguia. No ônibus, ficava de olho nos vendedores ambulantes para ouvir as histórias inverossímeis que eles criavam para vender suas bugigangas. Todos começavam da mesma maneira: "Bom dia, senhoras e senhores presentes neste meio de transporte coletivo. Hoje venho oferecer um produto que não pode faltar na bolsa da dama, nem no bolso do cavalheiro...". Depois, com criatividade ímpar, concatenavam argumentos esdrúxolos, que, no caso de um simples pente, poderiam ser: "A oferta de hoje consiste neste magnífico pente, feito com plástico importado da maior qualidade, que, possuindo 53 dentes dimensionados sob medida, proporciona um penteado uniforme e macio...". E sempre, sem exceção, concluíam ofertando um brinde, que fazia o combo realmente irresistível: "E como se a oferta de hoje fosse pouca coisa, vocês receberão, hoje, e somente hoje, um brinde mais do que especial, este chaveiro importado, confeccionado (sic) em metal niquelado e com o mais puro couro de vaca, onde poderão acondicionar (sic) as chaves da casa, um abridor de cerveja e até um canivete suíço". Eles sempre tentavam falar bonito.

Eu também ficava de olho no boleto da minha mãe – o recibo que o cobrador entregava. No Uruguai temos a mania do boleto capicua, um palíndromo de números – 74547, por exemplo. Repare que os números podem ser lidos de trás para frente, e de frente para trás. Um boleto capicua significava sorte. Eu juntava até conseguir o número suficiente para encapar um caderno.

Com chuva ou sol, dificilmente faltava à escola de música, adorava. Tinha aulas de instrumento e teoria, havia um coral e um balé folclórico. Participava de tudo. Cada disciplina tinha um sabor particular. Na de história da música, estudávamos o aparecimento de cada instrumento ao longo do tempo, as diversas formações de uma orquestra, os movimentos musicais e os compositores. Gostava muito quando tínhamos de adivinhar o estilo da música a partir do que ouvíamos, era uma espécie de "o que é, o que é" que só se podia jogar com os colegas da escola.

Havia também a aula de solfejo, em que estudávamos notação musical e ritmo. Batíamos palmas em diferentes métricas e entoávamos acordes maiores, menores e diminutos. Para quem não está familiarizado, talvez pareça algo chato; para mim, era como estudar matemática, havia toda uma lógica sedutora por trás de tudo aquilo.

Na aula de expressão corporal, fazíamos exercícios de reconhecimento do espaço e brincávamos em dupla e em trio. Quando chegou a hora da prática instrumental em grupo, experimentei pela primeira vez um violão. Foi paixão "ao primeiro tato". Lembro até hoje quando ganhei um violão da minha tia Alba, a única da família que tinha condições de comprar um.

Com o coral da escola e o baile folclórico, viajávamos o tempo todo para participar de eventos em outras escolas, inclusive de outras cidades – éramos "embaixadores" da Secretaria de Educação Primária. Lembro quando viajamos até Sant'Ana do Livramento, no Rio Grande do Sul, que fica a seis horas de Montevidéu. Foi a primeira vez que dormi fora de casa e que visitei outro país.

Era comum aprendermos músicas e danças típicas de outros países. Até hoje recordo os hinos brasileiro, argentino, chileno e equatoriano.

No grupo de dança folclórica, além de dançar, eu tocava o bumbo leguero e participava do solo com boleadeiras, aquelas pedras arredondadas amarradas por cordas ou tiras de couro. Quando íamos tocar e dançar nas escolas, éramos astros mirins!

Quando finalizei o período escolar, passei a frequentar o grupo de ex-alunos. Os novos amigos eram de outros bairros e pertenciam a outras realidades sociais, o que me deu acesso a novos universos. Começamos a planejar atividades fora da escola, encontros, bailes, shows e fui entrando em contato com outras realidades. Foi nesse grupo que conheci Mónica Tomeo, com quem namorei durante um bom tempo e a cuja família devo tanto.

Nessa época, cutucados pelo querido professor de canto Mario Martinez, formamos o Grupo Vocal Cantoria, que seria um porto seguro durante minha adolescência.

ABERTURA DEMOCRÁTICA

Tenho particular nostalgia pelos anos 1984 e 1985. Sinalizam o fim da ditadura militar no Uruguai, período de efervescência em que houve muitos eventos marcantes, dentre eles, inúmeros concertos de artistas até então exilados ou proibidos pelo regime: Alfredo Zitarrosa, Silvio Rodríguez, Pablo Milanés, Los Olimareños, Mercedes Sosa, Chico Buarque. Havia uma atmosfera muito especial, carregada de esperança. Com o pessoal do Grupo Cantoria, não perdíamos nenhum. Eram concertos multitudinários: 10, 20, 30, 50 mil pessoas. Até as filas enormes valiam a pena, pois todo mundo estava disposto a compartilhar e trocar ideias. Foi uma época de formação política. Surgiam por toda Montevidéu os comitês de base, onde se discutiam as questões do bairro e se formavam líderes para as primeiras eleições livres em mais de uma década. Foi neles que tomei conhecimento da existência de muitos desses artistas e dei meus primeiros passos nos movimentos sociais coletivos.

Lembro-me do show que houve quando a dupla Los Olimareños voltou do exílio. Foi no Estádio Centenário, sob forte chuva, em 1984, quando pela primeira vez vi uma multidão de 50 mil pessoas cantando em uníssono e *a capella*. Jamais esquecerei o momento em que as pessoas acenderam os isqueiros, criando uma nuvem de vaga-lumes. Até hoje fico arrepiado com a lembrança.

Naqueles dias também ressurgia o rock na América Latina. Tive a sorte de poder assistir a Paralamas do Sucesso e Legião Urbana, Fito Paez, Los Pericos, Los Fabulosos Cadillacs, Miguel Abuelo, Soda Stereo, Sumo, Los Prisioneros e Valija Diplomática. A cena uruguaia também era efervescente, tinha bandas como Los Tontos, Los Traidores, Los Estómagos, Zero, La Tabaré Riverock Banda e El Cuarteto de Nos. À exceção de Paralamas e Legião, você não deve fazer ideia de quem sejam os outros. O bom de viver em tempos de *streaming* é que, se você ficou curioso, poderá achar facilmente esses sons!

SUITE MONTEVIDEO

Há certa disritmia na minha relação com a música. Após a escola de música, a minha relação com o violão ficou estagnada. Arranhava um violãozinho aqui, batucava congas numa banda acolá, mas só retomaria os estudos ao entrar para a Escola Universitária de Música em 1990. Lá, tive o privilégio de assistir às aulas de Abel Carlevaro, grande mestre que revolucionou o ensino do violão clássico, e também estudei, de maneira particular, com Esteban Klísich, que foi o professor de boa parcela dos músicos populares em atividade. Influenciado por meu amigo Francisco e pelo professor Esteban, arrisquei escrever algumas músicas e montei uma banda para participar do Segundo Festival da Canção de Montevidéu, que na sua primeira edição teve, entre os vencedores, Jorge Drexler. Até que para um novato não fui mal, passei para a segunda fase, mas era evidente que tinha que me dedicar com mais seriedade ao assunto, coisa que não fiz até hoje e me cobro muito.

Outro evento, relacionado a um coral, mudaria o rumo da minha vida, tendo incidência direta na minha vinda para o Brasil. Em 1995, entrei no coro da Faculdade de Arquitetura, dirigido por Pablo Trindade, o diretor da Suite Montevideo, que, pouco tempo depois, me convidou para fazer parte do grupo, e deu no que deu.

Relembrando: em 1996, o ELEA, aquele evento organizado por estudantes de arquitetura, seria realizado em Montevidéu. A Suite Montevideo fez um concerto nesse período, previamente a uma turnê pelo Brasil, e eu convidei todos os meus amigos brasileiros. Dentre eles, estava o Edgard, aquele que acabou sendo responsável por levar Paola, minha futura companheira, ao concerto que faríamos em São Paulo. Lembrou?

O que não contei antes foi que aquele concerto estava repleto de brasileiros e que, após o show, vários deles vieram falar comigo. Todos, sem exceção, ao saberem que em breve eu passaria por São Paulo, me ofereceram hospedagem. Fiquei surpreso com tamanha hospitalidade, e me ocorreu de convidar alguns amigos uruguaios para ir a São Paulo, afinal de contas havia um monte de lugar para ficar e, sem dúvida, com eles os dias na cidade seriam mais divertidos. Não é que três deles aceitaram o convite? Posso não ter tino para os negócios, mas sou muito persuasivo quando estou empolgado!

Hoje talvez isso não cause muita surpresa, o mundo mudou bastante, mas, naquela época em que não existia celular e a internet era um bebê de proveta, aquilo era muito ousado. Tinha que ser muito cara de pau! No fim, deu mais que certo. Meus amigos chegaram a São Paulo antes de mim e, quando os encontrei no show da Suite na Funarte, já estavam enturmados.

QUANDO CRUZO A IPIRANGA COM A SÃO JOÃO

Já em Sampa, uma das primeiras coisas que fiz foi conhecer o famoso cruzamento imortalizado por Caetano na música "Sampa". Fiquei desapontado. Não encontrei poesia, só concreto. Em contrapartida, adorava atravessar o túnel Tom Jobim sob a Avenida 23 de Maio, que, aliás, também não tem graça nenhuma. Compreendi que nesta cidade a dura poesia concreta das esquinas mora na filosofia, na boemia, nos laços afetivos que vamos construindo com os lugares. Fui aprendendo a gostar de Sampa e hoje não consigo viver sem ela.

As amigas do grupo Vésper, que já conhecia antes de vir para cá, me apresentaram Chico Saraiva, com quem fiz aulas de violão. Nas festas na sua casa descobri um novo universo. Músicos de diversas escolas se reuniam para cantar e tocar músicas de todas as regiões e estilos do país. Fui me enturmando e passei a frequentar o Balé Folclórico de São Paulo, no Parque da Água Branca; o bloco afro Ilú Obá De Min, formado só por mulheres; o grupo Cachoeira; as festas do boi do Morro do Querosene, no bairro do Butantã... Conheci o maracatu, o coco, a ciranda, o tambor de crioula do Maranhão, o samba de Pirapora, o jongo e o batuque de umbigada de Tietê, o carnaval de São Luiz do Paraitinga e ainda mais. E assim, junto com a experiência no Dique da Vila Gilda, o encontro com toda essa diversidade cultural me transformou, eu redescobria o Brasil.

No começo dos anos 2000, havia em São Paulo uma cena musical pulsante. Tinha o bar Supremo Musical; o BlenBlen, na Rua Cardeal Arcoverde; e o Teatro Crowne Plaza, que ficava no hotel de mesmo nome, no começo da Frei Caneca. Frequentava esses lugares com meus amigos músicos e ia conhecendo mais e mais artistas. Por meio da minha irmã de alma Ana de Fátima, conheci o Benjamim Taubkin, pianista e compositor que na época era o gerente de música do Itaú Cultural. Fiz o site e algumas capas de CDs do Núcleo Contemporâneo, o selo discográfico dele. Acabei trabalhando com uma pá de artistas: Mestre Ambrósio, Antonio Nóbrega, Badi Assad, Chico Saraiva, A Barca, Vésper, Regina Machado, Vange Milliet, Graco, Mona Gadelha, Zé Guilherme, Moisés Santana, Rebeca Matta, Kiko Dinucci, Juçara Marçal, Metá Metá, Alessandra Leão e outros.

Em 2003, cursava graduação em Design de Multimídia – conto mais sobre isso no próximo capítulo – e me interessei pelas projeções audiovisuais. Como já fazia videoarte, juntei as duas coisas e comecei a fazer projeções em shows, videoclipes e websites. O design era meu ganha-pão, mas também abria portas para o meu trabalho artístico.

As tecnologias de projeção evoluíram muito, você já deve ter ouvido falar em *videomapping*, as projeções monumentais nas fachadas de prédios. Os artistas não param de inventar novas possibilidades. Joanie Lemercier (@joanielemercier) fez uma projeção holográfica na água; Refik Anadol (@refikanadol) vem utilizando algoritmos de redes neurais para fazer instalações de tirar o fôlego. Recentemente, venceu um concurso milionário para criar uma instalação permanente num aeroporto. Quando eu comecei, tudo era precário. Tínhamos mil e um truques para que as coisas funcionassem e estávamos sempre em alerta, caso acontecesse um erro.

Um dia, fazendo projeções no show da Badi Assad, no Sesc Pompeia, o sistema caiu. Não sei por que cargas d'agua pensei que alguém poderia ter pisado num cabo. Entre uma música e outra, fui aleatoriamente para um lugar da sala onde, de fato, havia um cabo desconectado! Não tinha sido eu que tinha feito o cabeamento, como explicar? Consertei rapidamente e ninguém percebeu o ocorrido. Esse tipo de acontecimento insólito vai alimentando uma mística do fazer arte com tecnologia.

> Dá a impressão de que a tecnologia é um ser vivo, com humor, ironia... Ao mesmo tempo, parece que uma entidade superior está sempre de olho para resolver os percalços.

Em 2008, convidado por Jair Molina, então estudante de graduação que assistiu à minha defesa de mestrado – falo sobre o mestrado mais adiante –, desenhei e montei o primeiro sistema de multiprojeção do Teatro Oficina. A peça era "Os bandidos", de Friedrich Schiller, e conta a história de dois irmãos que herdam um império do pai, uma "grande corporação videofinanceira". Para dar forma a essa corporação, o chão do teatro inteiro foi coberto de projeções. Tinha também dois telões, um na entrada e outro no fundo do teatro, e ainda cinco aparelhos de TV. Imagine o trabalho que não deu montar essa parafernália toda... No dia da estreia, as projeções nas TVs ainda não tinham sido testadas. Uma hora antes do espetáculo, vejo o ator principal escalar os andaimes do famoso teatro projetado por Lina Bo Bardi e, como num passe de mágica, todos os equipamentos estavam funcionando.

À medida que me aventurava no universo da videoarte, das projeções e da tecnologia, percebi que se abria outro momento profissional.

Aos poucos, meu orçamento se complementava com recursos de atividades artísticas e fiquei de antena ligada. Comecei a dar oficinas e palestras e a prestar assessoria para outros artistas. No mesmo ano, tomei a decisão de ir me desligando aos poucos do design para me dedicar à arte por completo.

A propósito, sobre o cruzamento da Avenida Ipiranga com a São João, foi fazendo projeções num show que descobri que São Paulo não é o túmulo do samba, como um dia disse Vinicius de Moraes, citado na música de Caê ("Sampa"). Uma banda de estrelas – Juçara Marçal, Marcelo Cabral, Thiago França, Rodrigo Campos, Kiko Dinucci, Felipe Roseno e Serginho Machado – foi formada, em 2014, para remontar o álbum "Em prosa e samba", em que o dramaturgo Plínio Marcos apresenta o samba paulista. O show reproduzia a dinâmica do disco, que tinha como protagonistas Toninho Batuqueiro, Geraldo Filme e Zeca da Casa Verde, além de relatos do Plínio entre as músicas.

Começava com a sala escura e sua voz: "Eu conto a história das quebradas do mundaréu, lá de onde o vento encosta o lixo e as pragas botam os ovos, falo da gente que sempre pega a pior, que come da banda podre, que mora na beira do rio e quase se afoga toda vez que chove, que só berra da geral sem nunca influir no resultado... O samba é a forma da gente minha falar dos seus mais ternos sentimentos".

As projeções entre as músicas incluíam imagens que tínhamos recuperado do acervo da TV Cultura. Numa sequência em preto e branco, aparece o Plínio sendo entrevistado por um repórter, no centro de São Paulo. Vestindo aquela roupa *ultraslim fit* da época, fumando e apoiado de lado em um velho caminhão, comenta algo como: "O Vinicius fez um grande desserviço quando falou que São Paulo era o túmulo do samba..." e emenda falando de diversos artistas, entre eles Pato N'Água, chefe da torcida uniformizada do Corinthians. Também fala dos lugares da cidade que seriam o berço do samba, como o Largo da Banana, que era o lugar de reunião dos negros no começo do século XX e ficava na Barra Funda. Consultei meu amigo Kiko Dinucci, estudioso do samba, e, ao que tudo indica, Vinicius teria se irritado com o barulho durante um show de Johnny Alf numa boate *chic* de *essepê* quando falou aquilo. Os paulistas retrucam que ele procurou o samba no lugar errado, deveria ter procurado na Barra Funda, no Peruche, no Bixiga... Enfim, não vai ser um uruguaio que vai trazer luz sobre o assunto, mas aprendi a gostar por igual do samba paulista, do carioca e do baiano.

DESAFINADO

Apesar de a música ter um papel fundamental na minha trajetória, nunca me entrosei com ela do jeito que gostaria. Não parei de tocar violão e de cantar, mas sempre de forma amadora. Faço música no computador – isso, sim. Editei dois álbuns digitais: "Puchero", inspirado nas manifestações paulistas de 2013; e "Iceberg", a trilha sonora da minha última exposição na Zipper Galeria, em 2018. Estão disponíveis no meu site.

Com meu trabalho autoral de música e projeções, uma das coisas que mais gosto de fazer, já me apresentei pelo Brasil afora e em países como África do Sul, Alemanha, Canadá, Cuba, Espanha, Estados Unidos, França, Itália, México, Nigéria, Rússia, Suíça e, claro, Uruguai. Mas meu verdadeiro sonho é fazer um álbum de canções.

Continuo estudando música, pois alimento a fantasia de um dia virar músico de jazz e viver em alguma cidade perdida nos confins da civilização.

CAPÍTULO 4
O LABIRINTO DA ARTE

No segundo capítulo, contei um pouco sobre os meus primeiros dias no Brasil. Contei que já tinha feito algumas exposições e que estava vendendo meus quadros por um preço bacana, quando decidi parar para estudar. Tinha percebido que, para ter uma carreira sólida nas artes, precisava me atualizar e me enturmar com a galera da cena.

Foi naquela época, por meio de Reginaldo Pereira, que comecei a frequentar o grupo de estudos do Ateliê Fidalga, dos artistas Albano Afonso e Sandra Cinto. Nos reuníamos todas as quintas, das oito às onze da noite, para discutir arte contemporânea e, depois dos encontros, íamos comer, beber e jogar conversa fora no Quitandinha, o bar da esquina.

A dinâmica era muito simples, porém intensa. Os artistas traziam o que tinham produzido durante a semana ou alguma ideia nova que queriam desenvolver, e o grupo fazia uma análise crítica, dava ideias, sugeria alguma leitura ou algum artista que estava pesquisando as mesmas coisas. A gente falava que cada um tinha que encontrar sua família artística, sua constelação, aquele grupo de artistas ou pensadores com os quais se identificava e que eram fonte de inspiração e questionamento. Alguns momentos eram de debates acalorados, como quando o grafite começou a furar o bloqueio dos museus e galerias: o grafite fazia sentido fora da rua? Lembro que a dupla Os Gêmeos fazia um tremendo sucesso na galeria mais importante da cidade. Surgia também uma galeria especializada em arte urbana, a Choque Cultural.

Era muito legal também quando falávamos de coisas que não se aprendem na faculdade, por exemplo: o mercado de arte, a relação com curadores e galeristas, as feiras. Em geral, os artistas não sabem ou não gostam de falar de dinheiro. Custa-lhes colocar preço em suas obras, o que de fato é algo muito delicado, pois, no mundo da arte, tudo é relativo e subjetivo, não depende só da lei da oferta e da procura. Quando se trata do valor das obras de arte, muitos fatores entram em jogo: os meios que o artista utiliza – pintura, fotografia, instalação, videoarte, etc. –, a experiência que ele tem, a sua inclusão em acervos públicos e privados, se o artista é prolífico ou não...

> O artista em começo de carreira aprende na marra. No Fidalga, tínhamos a oportunidade de debater essas e outras questões, aprendíamos com a experiência dos outros, o que foi fundamental, pois a minha geração foi contemporânea do *boom* da cultura brasileira. A prosperidade democrática e econômica do período levou ao aperfeiçoamento das leis de incentivo à cultura, e havia muitas oportunidades.

Em 2005, foi realizada a primeira SP-Arte, a feira de arte de São Paulo. Em 2009, veio a ArtRio, a feira de artes do Rio de Janeiro, e muitas outras iniciativas similares. Surgiram instituições como o MAR (Museu de Arte do Rio), a Cidade das Artes (2013), o Museu do Amanhã (2015). Em São Paulo, o Museu da Imagem e do Som foi repaginado em 2008, o Museu da Língua Portuguesa foi aberto e, já no ocaso desse período de bonança, o Sesc Paulista foi reinaugurado, hipertecnológico. O eixo da Avenida Paulista se consolidou como polo cultural da cidade, com o reforço da Japan House e do Instituto Moreira Salles, que se somaram ao Instituto Itaú Cultural, à Casa das Rosas, ao Centro Cultural Fiesp, além do já citado Sesc.

E a expansão do setor passou das fronteiras do eixo Rio-São Paulo e tomou conta do Brasil. É preciso citar a Fundação Iberê Camargo – alojada num magnífico prédio projetado pelo arquiteto português Álvaro Siza – e a

Bienal do Mercosul, em Porto Alegre; a Bienal de Curitiba; a Casa das Onze Janelas, em Belém do Pará, etc. Os centros culturais públicos da Caixa Econômica Federal, do Banco do Brasil, dos Correios, do Banco do Nordeste, e outros, estavam a todo vapor. E mais uma vez não podemos nos esquecer do Sesc, instituição fundamental para entender a cultura no país e que, nesse período, expandiu em muito suas atividades de lazer, esporte e cultura.

Nesse cenário de otimismo e liberdade de expressão, as empresas privadas também participaram ativamente do círculo virtuoso, e não só por meio do patrocínio, mas também criando seus próprios centros culturais.

O Brasil definitivamente estava na moda. Todo ano havia algum convênio governamental com o objetivo de aprofundar as relações bilaterais entre países: França-Brasil, Alemanha-Brasil, etc. No ano de 2008, a arte brasileira foi homenageada na feira ARCO, de Madri, uma das mais importantes do circuito internacional. Nós, do Ateliê Fidalga, estávamos lá em peso.

Com o pessoal do grupo fizemos muitas exposições, e, quando eram no exterior, viajávamos em bando, como uma família. Hoje, nos encontramos esporadicamente, por causa da agenda puxada. Mas nunca deixamos de fazer a festa do amigo-secreto no final do ano. Obviamente, os presentes são obras de arte!

O Projeto Fidalga segue firme e forte formando novas gerações de artistas.

O MEU PERCURSO PARTICULAR

No Fidalga, descobri que, além de ter talento, vontade e persistência, era preciso conhecer o caminho das pedras no mundo da arte. E esse caminho passava por expor em determinados museus e salões de arte. Expor em museus era difícil, salvo algumas exceções ou por meio de certos protocolos, como o endosso de um curador, pois raramente se abria espaço para novatos. Nos salões de arte, a coisa era diferente. Os artistas eram escolhidos por um júri, e muitos deles tinham por objetivo descobrir novos talentos.

Naquela época, estavam em alta os salões do Centro Cultural São Paulo, do Paço das Artes, da Prefeitura de Santo André, do Museu de Arte de Ribeirão Preto e do Museu de Arte Moderna da Bahia. Comecei a tentar a sorte.

Em 2002, fui selecionado para participar de um salão de arte em Santa Bárbara d'Oeste com três pinturas. Recebi o terceiro prêmio, R$ 500,00 em dinheiro. Foi como se tivessem aberto uma torneira: passei a ser selecionado com frequência. Nem sempre ganhava prêmio, mas a obra circulava e eu ia ganhando experiência. E foi assim que fui deixando as tintas de lado e experimentando outras técnicas e materiais. Fiz uma série de pinturas utilizando erva-mate, colagens, fotografia, instalação, videoarte. Senti que, além de participar do Fidalga, tinha de voltar ao ensino formal.

Já tinha sido fisgado pela tecnologia. As visitas ao Inpe tinham despertado o meu interesse pela imagem digital. Na Ecoterra, o escritório de arquitetura de Paola e seu pai, já havia uma câmera fotográfica digital – que fazia pequenos vídeos e guardava as imagens num disquete! – e uma *plotter*, que imprimia em grande formato. Além disso, no estúdio de design – que ia de vento em popa e agora tinha um sócio, o Edinho Almeida – já estava fazendo websites e projetos multimídia, o que me levou a escolher o curso de Tecnólogo em Design de Multimídia.

Dei muita sorte; boa parte dos artistas e pesquisadores que se interessavam por arte digital eram professores do curso ou participavam dos eventos e simpósios que aconteciam regularmente: Lúcia Leão, Christine Mello, Arlindo Machado, Lucia Santaella, Gilberto Prado, Giselle Beiguelman, Regina Silveira, Lucio Agra.

CAMINANTE NO HAY CAMINO, SE HACE CAMINO AL ANDAR[1]

Motivada pelas provocações e aprendizados do curso, minha produção artística tomou corpo e, em 2006, obtive o que considero o primeiro reconhecimento importante como artista: o prêmio do Salão de Arte de Ribeirão Preto. Foi significativo por vários motivos: pela relevância do júri – três artistas muito reconhecidos: Carlos Fajardo, Carmela Gross e Dudi Maia Rosa –; pelo valor do prêmio em dinheiro, R$ 6.000,00; e por se tratar de prêmio-aquisição, ou seja, a minha obra passaria a ser parte da coleção do museu. Outro fato importante foi que minha obra era uma videoarte e, naquela época, não era comum que esse tipo de obra fosse premiado. Fiquei com a moral lá em cima.

---

1 Extraído do poema "Cantares", de Antonio Machado.

Nesse mesmo ano me formei e engatei direto no mestrado; me inscrevi num curso do Senac: Moda, Cultura e Arte. Pelo nome do curso pode parecer uma escolha estranha para um artista, mas eu conhecia alguns dos professores e sabia que poderia direcionar meu projeto para algum tópico do meu interesse.

Novamente dei sorte. Nas aulas da professora Denise Bernuzzi de Sant'Anna, despertou o meu interesse pela filosofia.

Não há nada mais sublime do que uma pessoa que consegue enunciar, analisar e especular a respeito de qualquer assunto. E esses são os filósofos, os matemáticos dos conceitos e das ideias. Saía das aulas flutuando. Lembro que voltava dirigindo pela Marginal Pinheiros em êxtase, ainda ruminando as ideias de Foucault, Deleuze ou Bergson. Me sentia um privilegiado por ter acesso àquelas ideias que relativizavam as pequenas querelas cotidianas. Olhava o caos da cidade e a correria das pessoas pela janela do carro e pensava: "Pobres mortais, não sabem de nada". Brincadeiras à parte, o que não faz um bom professor!

Naqueles dias, a rotina era pesada: estudava de manhã, trabalhava no escritório à tarde e ia ao ateliê à noite. Mateo já tinha nascido e a sua presença deixava tudo mais alegre e leve. Meus três filhos foram bebês-anjos, segundo Tracy Hogg, autora do livro "Os segredos de uma encantadora de bebês". Dormiam a noite inteira. Quando decidimos ter o nosso primeiro filho, Paola me fez estudar um monte. Fizemos curso de doula, de parto humanizado e ioga e lemos, lemos muito. Foi assim que descobri que os bebês deveriam vir com manual, o tal livro da encantadora de bebês! Com ela, aprendemos que os bebês precisam de rotina. Dávamos banho todo dia ao meio-dia, para aproveitar o sol. Mas resulta que, assim que entrava na banheira, Mateo fazia cocô! Imagine o "corre": secá-lo, vesti-lo novamente, trocar a água e tal. Será que ela estava errada? Não, foi só atrasar o banho em meia hora e *tchan*! O corpo tem suas rotinas. Até hoje me lembro da encantadora de bebês quando vejo um pai novato perdido.

E a vida profissional seguia: em 2007, me inscrevi no Festival Bahia Celular Filme, para vídeos feitos com celular. O meu vídeo era muito simples: ao fazer uma viagem de ônibus para Ribeirão Preto, hipnotizado pela beleza da velocidade, me ocorreu filmar as linhas brancas que sinalizam a estrada e dividem o acostamento. Hoje todo mundo faz isso, mas naquele tempo tudo era novidade – e olha que estou falando de 2007, nem faz tanto tempo assim! Para minha surpresa, obtive um prêmio, e veja só quem estava no júri: Caetano Veloso. Nunca imaginei que minha arte digital seria vista e analisada por um dos mestres da MPB, autor de tantas canções que já havia tocado um dia no meu violão. Naquele mesmo 2007, um autorretrato que fiz com celular foi longe, foi apresentado no Centre Pompidou, em Paris. Enfim, os mais novos talvez achem que o mundo sempre foi conectado, mas chamo a atenção para o fato de que o Google Maps foi lançado em 2005, e foi só por volta de 2008 que os celulares começaram a vir com GPS embutido.

Também em 2007, graças a Aguinaldo Rocca, fui convidado para ser o curador do festival de arte e tecnologia Motomix, no espaço da Cinemateca de São Paulo. Foi minha primeira grande experiência como curador. A graduação e o mestrado já tinham despertado meu interesse pela transdisciplinaridade, o que refletiu no projeto. Teve exposição, simpósio, projeção de videoarte feita com celular, concertos, performances e oficinas sobre arte, ciência e tecnologia.

Uma coisa muito legal foi que as oficinas aconteciam dentro da exposição. O laboratório audiovisual ficava no centro do espaço, como se fosse uma instalação. O público tinha contato direto com os estudantes, jovens de comunidades periféricas de São Paulo escolhidos a dedo por diversas

ONGs e que ficavam com a autoestima lá em cima, eram artistas! O objetivo era que esses jovens pudessem ser replicadores nas suas próprias comunidades. Ficavam lá o dia inteiro e recebiam uma ajuda de custo em dinheiro e um celular top de linha. No festival conheci duas pessoas que viriam a mudar a minha trajetória no futuro: Monica Gambarotto e Vanessa Torres.

Nesse mesmo ano terminei o mestrado e, em 2008, muitas coisas aconteceram. Recebi três prêmios, dois na Espanha e um no Brasil. Fui selecionado para os salões do Centro Cultural São Paulo e da Prefeitura de Santo André. Participei do FILE (Festival Internacional de Linguagem Eletrônica); da Nuit Blanche – uma espécie de virada cultural em Paris –; e, a convite de Giselle Beiguelman, do Nokia Trends, um festival tecnológico que acontecia na época, similar ao Motomix.

Caiu a ficha: mais cedo ou mais tarde, teria de me dedicar à arte 24/7 – ou seja, 24 horas por dia, 7 dias por semana.

E estava mais do que na hora. O desenho gráfico tinha sido minha fonte de renda até então. Eu acumulava 20 anos de experiência – o que não é pouca coisa –, mas sempre soube que era algo passageiro. Fiz websites, CD-ROM, identidade corporativa, sinalização de prédios, design editorial, de tudo um pouco. Trabalhei tanto em projetos modestos, como desenhar o cardápio de uma pizzaria, quanto na construção e planejamento da identidade visual de uma corporação. Conheci todo tipo de gente e empresa, aprendi um bocado sobre relações humanas. Fui descobrindo que, para além das nossas aptidões técnicas e da capacidade de elaborar conceitos e estratégias criativas, a empatia com o cliente é essencial.

Mas, apesar de o design ser primo da arte, há um lado prático, pragmático e objetivo na profissão e na administração de um escritório que sempre me escapou. Gosto de trabalhar no meu próprio tempo, e isso foi problemático, pois a maioria dos clientes querem tudo pra ontem. Por outro lado, como comentei antes, não sou bom de números, as contas nunca fechavam – daí ter me autointitulado um péssimo empresário no prólogo. Independentemente dessas questões, ainda gosto de me envolver como designer em projetos culturais ou como voluntário em iniciativas solidárias. Tenho desenhado os meus próprios livros e os de outros artistas, feito capas de CDs, logomarcas; inclusive, o projeto gráfico e editorial desta coleção é de minha autoria!

SEM FALAR GREGO, MAS COM GPS

Em 2008, fui aceito no programa e-MobilArt, organizado por três universidades europeias: a Universidade da Atenas, na Grécia; a Universidade de Artes Aplicadas de Viena, na Áustria; e a Universidade da Lapônia, na Finlândia. O projeto era um laboratório nômade de experimentação em arte, ciência e tecnologia; 40 artistas trabalhando juntos durante dois anos e meio na criação de projetos interdisciplinares. Houve três módulos, um em cada país-sede, e duas exposições: uma em Salônica (ou Tessalônica), na Grécia, e outra em Katowice, na Polônia.

O primeiro encontro foi em Atenas. Fui alguns dias antes para conhecer a cidade e, ao chegar no hotel, fiquei sabendo que à noite seria jogado o clássico do basquete grego entre o Panathinaikos e Olympiacos. Dois times que já tinham sido campeões da Europa. Aficionado pelo basquete e ávido por aventuras, não ia perder essa e fui a pé até o estádio para ir conhecendo um pouco da cidade. Tinha um aliado: um celular Nokia N96, um dos primeiros celulares com GPS. Naquela época, as empresas de telefonia organizavam festivais de arte eletrônica e emprestavam os aparelhos aos artistas, para que inventássemos novos usos e aplicativos. Enfim, com o celular em riste, fiz uma rápida pesquisa no Google Maps e saí andando até o estádio.

Quando cheguei ao local do jogo, a arena Da Paz e da Amizade, construída para os jogos olímpicos de 2004, descobri que os ingressos estavam esgotados. "Cheguei até aqui, não vou perder a viagem", pensei. Não falava grego, mas com certeza me faria entender em inglês. Tomei coragem e fui negociar com os cambistas. Comprei um ingresso por 20 euros, o dobro do preço de tabela, nada mau. Lá estava eu, feliz da vida entre os torcedores gregos do Panathinaikos.

Adoro estádios (e auditórios de música), já vi a NBA e hóquei sobre gelo no Madison Square Garden, em Nova Iorque; o Barcelona, no Camp Nou; o Boca, no La Bombonera; o RB Jerseys, na Red Bull Arena, em Nova Jérsei; o Corinthians, no Itaquerão; Fórmula 1; e até andei pelas quadras de Wimbledon – não assisti a nenhum jogo, pois o ingresso custava os olhos da cara. Sem contar que tinha cadeira cativa nos jogos do Nacional do Uruguai. Os estádios são como espelhos de um lugar, um condensado de sua cultura. Gosto de ficar olhando como as pessoas se comportam e se vestem, como torcem, quais comes e bebes são oferecidos no estádio. Gosto também de levar uma camiseta de recordação.

O clássico do basquete grego foi na intensidade máxima. Perto do fim houve uma confusão generalizada, as torcidas invadiram a quadra e começou uma briga surpreendente. As fitas de papel jogadas durante a entrada dos times e que estavam nas laterais da quadra pegaram fogo (não me pergunte como). A partida foi suspensa e o estádio, evacuado. Ainda tenho os vídeos que fiz com o telefone e que não me deixam mentir. Aliás, uns vídeos bem pequenininhos, pois os celulares da época faziam vídeos minúsculos e de má qualidade.

Voltei de novo a pé para o hotel, mas por outro caminho, e me peguei pensando que, se tivesse celular e GPS onze anos antes, não teria me perdido na minha primeira saída em São Paulo, lembra? Ainda parei para comer um *kebab*, o verdadeiro churrasquinho grego.

No dia seguinte começava o programa. Deveríamos nos encontrar numa estação de metrô, e mais uma vez o celular foi superútil para eu me locomover pela cidade. A internet era uma tartaruga, mas com um *chip* e um pouco de paciência chegava-se a Roma.

Ao chegar à tal estação, fiquei esquadrinhando a plataforma e percebi que um rapaz loiro ficava andando de lá pra cá, como que procurando alguém. Me aproximei, olhei de relance, até que me animei e falei: "e-MobilArt?". Ele disse: "Yes!". O sotaque era inconfundível, com certeza era hispanofalante. Quase. Era catalão, mas obviamente falava castelhano. O nome dele: Julià Carboneras, músico e engenheiro. Fomos os primeiros a chegar e os únicos que falavam espanhol. Isso nos aproximou, viramos grandes amigos e parceiros; faríamos parte do mesmo grupo de trabalho e continuaríamos a parceria após o fim do programa. Ele veio ao Brasil diversas vezes e eu também o visitei em algumas oportunidades.

Aos poucos, foi chegando toda a galera e fomos a pé até o local onde seria o evento. No percurso, uma guia ia nos introduzindo às maravilhas da cidade, berço da civilização ocidental.

A primeira atividade foi de apresentação. Como numa TED Talk, cada um teria 15 minutos no palco para contar um pouco da sua trajetória, seus interesses e os objetivos que o tinham levado a escolher participar do programa. Me deu frio na barriga, era a primeira vez que falaria em inglês para tanta gente. Como único latino-americano, me sentia um "sapo de outro poço", era minha primeira vez estudando na gringa. A galera lá é meio *blasé*, ao sul do Equador nós somos mais relaxados, barulhentos e, sobretudo, acolhedores. Tomei coragem, engoli saliva e mandei ver no *spanglish*. Depois de ter quebrado o gelo, o meu inglês fluiu que foi uma beleza.

Essa primeira apresentação era importante porque no terceiro dia teríamos de formar os grupos de trabalho. Fiquei superatento ao perfil das pessoas, fiz anotações e atribuí uma nota de um a dez pelo grau de afinidade.

Depois das apresentações assistimos a algumas palestras. Conheci o trabalho do "transarquiteto" e artista digital Marcos Novak, que já nos anos 1990 falava em arquitetura líquida e projetava espaços sem gravidade. A agência interativa Art+Com, sediada em Berlim, também apresentou seu portfólio. Lembro-me particularmente de uma escultura cinética projetada para a fábrica da BMW, que consistia em bolinhas de metal que se mexiam no espaço, desenhando o contorno dos diversos modelos da marca. Por último, falou Roger Malina, diretor da revista "Leonardo Electronic Almanac", do MIT (Instituto de Tecnologia de Massachusetts), e membro do conselho do projeto. A fala dele foi a que mais me impressionou. Eu conhecia o trabalho do Novak e da Art+Com pela internet, mas era a primeira vez que ouvia um cientista envolvido em projetos do MIT, da Nasa e da Agência Espacial Europeia. Entre outras coisas, Malina estava trabalhando no projeto de um novo telescópio espacial e disse que a parte mais desafiadora de um projeto de longo prazo como esse era manter as pessoas trabalhando juntas por 30 ou 40 anos. Nunca tinha me ocorrido algo assim, mas fazia todo sentido ele falar disso naquela hora: lá estávamos prestes a iniciar um processo de dois anos e meio de intercâmbio e colaboração.

No fim do dia, minha cabeça explodiu. Nunca tinha passado tanto tempo concentrado em inglês e com aquela variedade de sotaques!

Meses depois de Atenas, passamos uma semana em Viena. A dinâmica foi a mesma: palestras, oficinas, grupos de trabalho e apresentações coletivas. Como já tínhamos as equipes formadas, as primeiras ideias surgiram. Meu grupo era formado por Julià; Maria, arquiteta, grega; Ettiene, artista, francês; e Evo, designer, grega. Éramos todos tímidos, exceto Ettiene, o mais jovem. Era impressionante vê-lo debater com aquelas pessoas mais velhas e sabidas. Foi nosso ponta de lança. Uma semana antes do encontro em Viena, nosso grupo fez uma residência no laboratório V2 – Lab for the Unstable Media, em Roterdã. Ficamos todos hospedados na casa de Maria, que morava em Amsterdã, e íamos de carro todos os dias para Roterdã. Maria tinha quebrado o pé, e, como o único que tinha carta era eu, me coube ficar de motorista. Adoro dirigir, mas foi muito estressante! Nas ruas de Amsterdã, quem tem a prioridade são as bicicletas, e elas aparecem de todos os cantos. Morria de medo de causar um acidente. No fim, não atropelei ninguém e avançamos bastante na pesquisa no V2. O lugar é muito curioso, fazendo jus ao nome, Instituto das Mídias Instáveis: o chão das salas era inclinado!

Da experiência em Viena, recordo pouco. Lembro, sim, dos dias em que ia à escola de música e ouvia o "Danúbio azul", de Strauss. Sou deslumbrado por certas coisas, sobretudo por lugares ou situações que me remetem a alguma situação afetiva ou a alguém que admiro muito e acabo idealizando. Quando mudei para São Paulo, passei um tempão fazendo um sinal de reverência quando passava embaixo do túnel Tom Jobim. Atravessar o Rio Danúbio todos os dias tinha um efeito similar. Quando criança, imaginava a opulência das cortes europeias e os salões de baile. Agora eu estava ali.

O último módulo, na Finlândia, foi para botar a mão na massa e fechar os processos. Cada grupo tinha uma sala exclusiva, equipada com todos os insumos que tinham sido solicitados. Era a glória. Aos tutores habituais, ao pessoal da "Leonardo", aos professores gregos e austríacos, somavam-se, agora, os finlandeses. Me impressionou muito o perfil discreto deles. Eram muito eruditos e sabiam de tudo um pouco, mas em nenhum momento tentavam impressionar. Às vezes, aqui nos trópicos, nos comportamos de maneira oposta, não? Dizem que a educação finlandesa está entre as melhores do mundo. Tive uma pequena amostra.

SOL DA MEIA-NOITE

Rovaniemi é a cidade do Papai Noel, fica no Círculo Polar Ártico. O pequeno aeroporto é todo decorado com renas e trenós, *hiperkitsch*. Mas, em compensação, o prédio da universidade que hospedava o encontro era *superhi-tech*. Naquela época do ano, a noite durava apenas três horas. Depois das atividades, saíamos para beber e farrear e quando íamos dormir ainda era dia.

O nosso grupo fez uma instalação interativa chamada "Oráculo". Coletamos milhares de fotografias provocadoras e controversas na internet e montamos uma base de dados. As imagens eram projetadas em alta velocidade, de modo que só se via um borrão. Quando as pessoas entravam na sala escura, eram detectadas por sensores, que pausavam a sequência de imagens por alguns segundos. O visitante obtinha como resposta oracular uma simples, porém chocante, imagem. Buscávamos chamar a atenção para o fato de que nunca se fotografou tanto na história da humanidade; não obstante, a grande maioria dessas imagens nunca é vista. Ficam armazenadas nos dispositivos, na nuvem, em HDs. Estamos substituindo a experiência pela representação e, nesse sentido, queríamos deter o tempo por um instante e atrair o visitante para dentro da imagem.

O programa foi um divisor de águas. Além de todos os conhecimentos teóricos e técnicos relacionados com o projeto do meu grupo, tive a oportunidade de acompanhar o desenvolvimento de obras que utilizavam robótica, organismos vivos (como fungos e bactérias), materiais insólitos (como o ferro fluido); todo um leque de possibilidades que eu desconhecia e que mudou a forma como eu enxergava a arte. Mas, sem dúvida, o legado mais importante foi o *network*, que se consolidou ao longo do tempo e que segue ativo até hoje.

As experiências na Europa me deram o impulso necessário para tomar coragem e me dedicar à arte em tempo integral. Fui, aos poucos, diminuindo as horas no estúdio de design e para isso precisei buscar outras fontes de renda.

Dei aulas por alguns semestres no Senac, na PUC e na FAAP, sempre relacionadas à arte, ao audiovisual e à multimídia. Fui júri em diversos salões e festivais, curador e consultor. Durante dois anos viajei periodicamente a Curitiba como parecerista dos editais de fomento às artes visuais da prefeitura. Foi por essa época que tive os primeiros *insights* sobre o papel dos artistas na vida pública e nas empresas – falo um pouco mais sobre isso no capítulo 7. Geralmente, os editais de fomento à cultura são redigidos pelos quadros técnicos dos órgãos públicos. Estes conhecem as regulamentações do Estado, mas desconhecem a realidade do artista ou das instituições culturais para as quais o edital está endereçado. A participação do artista nesses processos é fundamental para estreitar a distância entre as demandas do Estado e as necessidades do artista. Não é algo divertido, nem sempre paga bem e é burocrático demais, mas é extremamente necessário.

Como era de se esperar, uma vez que estava com antena ligada nas artes em tempo integral, as coisas começaram a dar certo. Em 2010, fui convidado para integrar o corpo de artistas da recém-criada Zipper Galeria. Dez anos depois de haver decidido parar de vender meus quadros, voltava a comercializar minhas obras. Agora não tinha dúvidas, estava no caminho certo.

Em 2014, criei com o artista Lucas Bambozzi o MOLA – Grupo de Estudos em Arte, Ciência e Tecnologia. As experiências no Ateliê Fidalga tinham sido fundamentais na minha formação, e um dia, conversando, identificamos que não havia grupos de estudos ligados à cena de arte digital na cidade de São Paulo. Inspirados no Fidalga, nas dinâmicas de ensino horizontal promovidas pelo professor Michael Asher no Instituto de Artes da Califórnia e na nossa própria experiência de artistas pesquisadores, criamos o nosso próprio modelo. Uma plataforma para interessados em arte digital que inclui o fazer artístico, a leitura de textos, exercícios práticos e a presença de convidados. Ficamos quatro anos incubados na Escola Entrópica do Instituto Tomie Ohtake, e já ministramos o programa em lugares como a UFES (Universidade Federal do Espírito Santo) e o Sesc Rio Preto, onde ficamos um ano trabalhando com 20 artistas locais. Fizemos até, no meio da mata atlântica, uma residência artística em Boiçucanga.

Neste tempo todo, participei de mais de uma centena de exposições e festivais em mais de 30 países, editei três livros e a minha produção artística foi citada em teses de mestrado e doutorado. Mas, se tiver de escolher um projeto significativo, responderia num piscar de olhos que este seria a exposição "A matéria da fotografia nas Américas", realizada em 2018 no Cantor Arts Center, da Universidade de Stanford. Nada de grandioso ou especial aconteceu, e o museu não tem muita relevância no circuito global da arte; a importância tem a ver com o viés pelo qual vejo o mundo, as coisas que valorizo e que, em definitivo, me movimentam. Quinze anos depois de ter me encontrado na arte e na tecnologia no curso de graduação, tinha uma obra exibida na mesma sala dos mestres que eu havia estudado na época: Waldemar Cordeiro, Oscar Muñoz e Alfredo Jaar. Tinha sido escolhida fora de qualquer circuito de influências por duas curadoras que eu não conhecia, o que, ao meu entender, reforça a relevância daquela obra naquele contexto. Como se isso fosse pouco, com o tanto que valorizo o conhecimento, a exposição acontecia numa prestigiosa universidade. Com o passar do tempo, fui assimilando a ideia de que é importante reconhecer os logros pessoais, sem exageros e deslumbres que nos façam perder a perspectiva. Aquela exposição foi importante para mim pois resume boa parte das minhas aspirações, buscas e crenças: estudo, persistência e resistência podem trazer reconhecimento. E quando somos reconhecidos acreditamos que nossa existência faz sentido, nos sentimos úteis e felizes.

CAPÍTULO 5
~~SEM~~ ~~CHÃO~~

Em meio a tanto progresso na área profissional e tantos trabalhos, parece que tudo vai sempre muito bem. Mas a vida contém o inesperado.

Em 2009, perdi o chão. Meu filho Mateo faleceu, por causa de um derrame cerebral, aos quatro anos. Os médicos especulam que pode ter sido por alguma malformação congênita em alguma artéria do cérebro, mas nunca soubemos ao certo as causas. Ele tinha sentido dores de cabeça e estava sob acompanhamento médico. À tarde, tínhamos ido visitar o Sabina, a estação ciência de Santo André. Temos várias fotos desse dia. Marco, meu outro filho, estava com dois anos e Paola estava grávida de quatro meses. O meu amigo Francisco estava em São Paulo, hospedado em casa com a sua família. À noite, Francisco e eu fomos ao Museu da Imagem e do Som para assistir a um evento multimídia. Antes de sairmos, Mateo pediu para pôr um desenho animado no computador – lembro-me de ter colocado Pocoyo. Era a última vez que o veria consciente.

Na escuridão do teatro recebi uma mensagem de texto pedindo para voltar urgentemente para casa. Quando cheguei, Mateo já não estava, tinha sido levado para o hospital. Ao chegar lá, ele tinha tido a primeira convulsão e quando o encontrei já estava sedado. No dia seguinte, teve uma segunda convulsão e a situação piorou. O quadro dele, além de ser delicado, era inusual; segundo os neurologistas havia pouca literatura a respeito.

Após uma reunião que envolveu médicos de vários hospitais, foi agendada uma cirurgia de emergência para o começo da tarde. A estratégia seria desobstruir um coágulo e diminuir a pressão intracraniana. Foram horas de angústia, mas estávamos confiantes de que tudo correria bem. À noite, fomos avisados de que a situação era irreversível.

O mundo desabou. Fui tomado por um completo vazio, a mente ficou em branco.

Assim que assimilamos minimamente o inevitável, decidimos doar os órgãos e cremar o corpo. Passamos quatro dias na UTI, tempo que pudemos nos desapegar do corpo e abrir espaço para um sentimento novo ainda desconhecido.

A cerimônia de sétimo dia de Mateo foi um encontro com a monja Cohen, no Parque da Aclimação, que estava repleto de crianças. Nossos amigos tinham colocado dezenas de cata-ventos na grama e as crianças fizeram a festa.

Mateo se foi em 27 de julho e, no começo de agosto, perdemos o bebê que estava a caminho. Dias depois da cerimônia de cremação, a bolsa estourou e Paola teve de ser internada. Voltávamos ao mesmo hospital dias depois de todo o acontecido.

Foi muito difícil retomar a vida, o vazio existencial é indescritível. No afã de gerar conforto e dar força, família e amigos compartilharam todo tipo de argumento e raciocínio pautados nas suas crenças. Mas todos aqueles que já perderam um ente querido sabem que o mais difícil é aprender a conviver com a ausência física. O caso de uma criança pequena é particular porque, além dos laços afetivos, nossa rotina está toda atrelada a ela: acordar, preparar o café da manhã, levá-la para escola, brincar, dar banho. O corpo demora a se rearranjar. Para mim, o luto foi o processo de reviver cada uma dessas instâncias até a dor se transformar em saudade, o amor que fica.

Apesar do turbilhão de emoções, escolhemos ir em frente sem tomar remédios ou consultar profissionais da saúde. Paola, que é espírita, se apoiou na leitura do Evangelho. Eu, durante anos, acordei à noite para chorar até cansar. A melhor terapia foi falar abertamente sobre o assunto, fazer com que não virasse tabu e deixar as pessoas sem receio de conversar a respeito. Sem dúvidas, o mais importante para seguir em frente foi termos Marco.

No verão seguinte, jogamos as cinzas no mar, no litoral do Espírito Santo, e um ano depois de tanta dor e sofrimento nasceu Maria.

Mateo está sempre presente em casa. Procuramos mantê-lo presente sem nos aferrar a objetos ou lembranças materiais. Doamos parte das suas roupas, outras ficaram para os irmãos, inclusive com seu nome escrito à caneta, como nas roupas da escola. As imagens dele estão em todo canto, falamos sempre dele e com ele, damos boa-noite, cantamos parabéns.

Dias depois da sua passagem, escrevemos uma carta, que ainda pode ser lida on-line:

"Queridos, algumas pessoas nos perguntaram o que aconteceu com Mateo... Aqueles que nos acompanharam bem sabem que nunca foi problema para nós falarmos do que passou.

Sabemos que falar da morte, ou da passagem, é tabu para muitos; para nós, nunca foi. Sabemos que muitos queridos que conviveram conosco nos momentos seguintes até se constrangem ao falarmos naturalmente da alegria que vivemos com ele e com Marco, que vinha crescendo. Sempre lembramos e falamos dele com muito amor e sem problemas. Todos os amiguinhos do Marco sabem que ele tem dois irmãos e que um está na estrela, ele fala isso para todo mundo, numa boa.

Para isso não virar um mistério, para aqueles que não estavam por perto na época, coloco aqui o e-mail que mandamos para os amigos mais próximos e que explica o que passou:

Queridos amigos,

Passamos por momentos muito difíceis onde entendemos o significado de muitos chavões... Nosso mundo caiu, perdemos o chão, ficamos vazios...

Mateo, amor e sentido de nossas vidas nos últimos 4 anos, nos deixou de uma hora para outra, em 24 horas, com um AVC hemorrágico.

Para nosso consolo e conforto, ganhamos 3 dias com ele em coma, dormindo, quando pudemos estar muito juntos, dengando, mimando, "afofando", cheirando, pegando no colo, dando muitos beijinhos, homenageando e nos despedindo devagarzinho, e tendo o apoio tranquilo de vocês e de nossas famílias com ele ainda ali conosco.

Hoje está doando os órgãos e vai trazer felicidade e vida também a outras famílias.

Não queremos lembrar a morte e sim celebrar a vida, a alegria que ele nos trouxe neste breve e intenso período juntos. Não vamos fazer velório, apenas uma cerimônia simples no Crematório Vila Alpina amanhã, sábado, às 10h30, e um ato ecumênico de celebração e homenagem à vida, que ainda precisamos organizar, no sábado que vem, dia 8 de agosto, de tarde.

Agradecemos aos nossos queridos e pedimos que continuem rezando, orando, mentalizando positivamente por nós, pois está dando certo, estamos conseguindo aos poucos recuperar a serenidade para continuar a vida como Mateo exigia, com muita alegria e felicidade.

Paola, Fernando e Marco

31/07/2009"

CAPÍTULO 6

~~A VIDA TEM DE SEGUIR~~

Na tentativa de retomar a rotina, voltei a frequentar o ateliê e, ainda atordoado pelo acontecimento, criei uma instalação que leva o título: "Quando tudo que aprendi não serviu para nada".

A obra é uma estante muito frágil, feita de madeira balsa e com 1 metro de altura. A precária estrutura, amarrada com lacres de plástico, é sustentada pelo peso de alguns livros: "Como a mente funciona", de Steven Pinker; "Crônica de um amor louco", de Charles Bukowski; "Quem ama educa!", de Içami Tiba; "O Aleph", de Jorge Luis Borges; o catálogo do plano de saúde; "O grande livro da arte", de Roberto Carvalho de Magalhães; e "Deus, um delírio", de Richard Dawkins.

No topo da estante, há de um lado um *cooler* de computador, que funciona como um ventilador, e, do outro, um pequeno cata-vento de origami. Um sensor detecta quando uma pessoa se aproxima da obra, aciona o *cooler*, que, por sua vez, faz girar o cata-vento. Quando a pessoa se afasta, o sistema volta ao repouso. Se retirarmos qualquer elemento, a estrutura desaba.

Busquei refletir sobre o delicado equilíbrio que sustenta a vida, e sobre compreendermos a alteridade, a importância da existência do outro.

A obra teve destino à altura: participou de uma exposição em Lisboa e depois foi leiloada em benefício de uma ONG portuguesa que cuida de crianças com HIV.

Três anos depois, ainda em processo de cura, fiz outra obra: um letreiro em neon onde se lê a palavra "saudade", escrita pelo meu filho Marco.

CAPÍTULO 7

~~TODAS AS ARTES, UMA SÓ ESTAÇÃO~~

> Pra mim, a arte é uma forma de conhecimento, como a matemática, a história, a ciência, a gastronomia, etc. É uma entre as tantas formas de ser e estar no mundo. Uma forma de ser que nos conecta com a essência humana, que nos convida a pensar fora da caixinha e nos leva a fazer as mais variadas perguntas. Arte é muito mais do que a busca da beleza, muito mais do que produzir uma obra, é um labirinto que nos mostra a complexidade das coisas do mundo e expande a nossa consciência.

Um dia pela manhã, ao levar os meus filhos para a escola, vi uma folha seca no teto do carro. Do nada, me ocorreu de escaneá-la e ver se surgia alguma ideia. Olha como a criatividade é algo inexplicável. Não uso o *scanner* faz anos, mas, de alguma maneira, meu inconsciente imaginou que uma fotografia não daria conta de captar as sutilezas e detalhes.

A folha estava ressecada e enrolada em si mesma. Para evitar sombras na imagem, apoiei uns livros na tampa do *scanner*, mesmo sabendo que isso iria amassar a folha. Para minha surpresa, o contorno do mapa do Brasil apareceu na tela do computador. "Hummm", pensei, "o Brasil representado por uma folha seca e esmagada: nada mais oportuno para comentar a situação do nosso país. Queimadas na Amazônia, desastres ambientais em Mariana e Brumadinho, a mancha de petróleo no litoral, o aquecimento global... Sem dúvida é uma boa metáfora dos tempos que correm". Decidi que ali havia uma obra, que chamei de "Brazsil". Uma palavra inventada misturando inglês e português. Sabemos que muito do que acontece na Amazônia – e no país – envolve interesses externos.

E esse tipo de descoberta fortuita inaugurou uma nova série no meu trabalho, "Brazsil", um olhar para coisas do cotidiano, que à sua maneira, direta ou indiretamente, pode ser associado com os tempos que correm. Recentemente, estava visitando a Gamboa de Baixo, em Salvador, uma comunidade que fica num exuberante morro à beira-mar, quando num impulso parei para fotografar uma cena. As folhas verdes e maltrapilhas de uma bananeira, contrastando com um esplêndido céu azul, assomavam timidamente por trás de um muro amarelo. Muitas vezes, quando algo nos chama a atenção não compreendemos os mecanismos que disparam nossos pensamentos e ações. Esse era o caso. Suponho que, por reflexo, achei a cena bonita, mas aquilo que achamos bonito está intimamente relacionado à nossa visão de mundo e às nossas crenças, e, como o consciente e o inconsciente trabalham juntos, logo percebei que, além de beleza, havia muita ironia naquela cena. Muitas vezes, quando se quer falar pejorativamente do Brasil se utiliza a expressão "República das Bananas". A expressão, cunhada por um jornalista americano na virada do século XX, era um eufemismo para ditadura e oligarquias, e também denota um país que, submisso a agentes externos ou enroscado em políticas ultrapassadas ou *sui generis*, não consegue se desenvolver. Naquela cena, em que estavam contidas somente as cores da nossa bandeira, havia um muro isolando uma bananeira. Havia ali um paradoxo. De um lado, a cena sugeria a insistência em perpetuar a República das Bananas, mas, por outro, como o muro não tinha cacos de vidro ou arame farpado, nem era alto e grosso o suficiente para evitar que a bananeira o ultrapassasse, se insinuava possível a libertação da República. Por trás da bela e bucólica cena, a vida segue seu rumo. Para além de metáforas e alegorias, é interessante perceber o correlato com a polarização que divide o país. As duas imagens estão no meu Instagram – se estiver curioso, consulte @f___velazquez_.

Você pode achar uma viagem, mas é isso, para mim: a substância da arte – e da vida – está principalmente ali, nesse estado de consciência que nos conecta, de forma inesperada, com as coisas mais sublimes e infames. Talvez a diferença entre artistas e não artistas esteja em que os primeiros conseguem traduzir essa pulsão em obras de arte.

Todas as atividades humanas envolvem algum tipo de lógica, ética e estética. A forma como entendemos o mundo, enxergamos o outro e a sociedade está influenciada pela maneira como conjugamos esses fundamentos.

A educação convencional separa o conhecimento em gavetas, o que de fato pode ser útil para a apreensão de certos conteúdos, mas dificilmente nos dá ferramentas para montar o quebra-cabeça das coisas do mundo, que estão interligadas! Daí, vem aqueles chavões e estereótipos: os engenheiros são práticos, pragmáticos, vão direto ao ponto; os artistas são criativos, inspirados, avoados, enrolados, etc. Quem já não ouviu falar coisas desse tipo? Mas não é que existem engenheiros criativos e avoados? Artistas pragmáticos e racionais? Temos que desconstruir esses clichês, e a arte é uma das disciplinas mais estereotipadas. A arte nos introduz aos labirintos da linguagem, da comunicação, da estética e das questões sensíveis. É isso é bom para todo mundo, sem importar a profissão. Sem a linguagem, nós *sapiens* nada somos.

Lembro que, quando jovem, não entendia muito bem o porquê de estudar tantas coisas diferentes. Sociologia, história, filosofia, biologia, física e química – aqueles exercícios complicados que nunca iria usar na minha vida! Hoje percebo que, por meio de cada disciplina, aprendemos a enxergar o mundo de maneira diferente, e é quando as diversas perspectivas se complementam que nos tornamos plenos.

CADÊ MINHAS ASAS?

Em julho de 2014, fui convidado para ser o curador de um centro cultural da Red Bull, o Red Bull Station (RBS). Sempre acreditei que, mais do que um trabalho de gestão, esse era um trabalho artístico, e por isso fiz questão de me enrolar todo tentando explicar a maneira como entendo a arte. Essa minha forma de pensar a arte também está intimamente relacionada com o projeto que tentei executar durante quatro anos.

Mas vamos começar do começo: o que é o Red Bull Station?

O RBS é um espaço cultural da Red Bull, no centro de São Paulo. Fica num prédio que já foi o maior gerador de energia da cidade.

A Red Bull mantinha um projeto de residências artísticas, o Red Bull House of Art, que ocupou alguns prédios do centro da cidade, até que surgiu a oportunidade de mudar para um prédio próprio. Foi nesse contexto que, graças a Monica Gambarotto e Vanessa Torres – com quem já tinha trabalhado no festival Motomix, em 2007 –, recebi o convite para ser o curador do House of Art, que estava em transformação.

Como na hora de aceitar escrever este livro, ponderei: estava preparado? Tinha acumulado experiência como artista, curador, professor, gestor, designer e consultor, mas nunca tinha participado de um projeto dessa envergadura.

Pensei que seria uma oportunidade para pôr em prática as questões que me afligiam como artista, mas no âmbito coletivo. Teria a chance de testar a hipótese de que a arte pode contribuir para a construção de uma sociedade mais justa, solidária, e de que, sob determinadas circunstâncias e condições, a arte faz a diferença, muda pequenos mundos. E, como gosto de desafios, topei.

Fui visitar o espaço e, logo de cara, percebi que o projeto tinha de ser mais ambicioso. O lugar era generoso, tinha auditório, salas de exposição, cafeteria e um estúdio de gravação. Ainda por cima, ficava bem em frente ao terminal de ônibus da Praça da Bandeira, por onde passa uma pá de gente. Havia potencial para muito mais do que uma residência artística. Nas entrevistas, descobri também que a empresa tinha outros projetos na área da cultura, e pensei que, num futuro, poderiam vir a trabalhar em sinergia com o RBS.

Foi assim que propus um projeto de base transdisciplinar, que, a médio prazo, pudesse trabalhar com todas as disciplinas da criação, e não só com as artes plásticas. Acreditava que da mestiçagem cultural pudesse emergir um ambiente fértil para todas as partes. Se tudo desse certo, os artistas poderiam dialogar com pesquisadores e artistas de outras disciplinas. A empresa teria acesso a novos públicos e metodologias. E a cidade ganharia um polo de criação e inovação em arte, tecnologia e ciência. Artista parece tudo farinha do mesmo saco, mas não é, não. Geralmente, artista plástico anda com artista plástico, músico com músico, escritor com escritor, ator com ator, cineasta com cineasta... Eu queria promover o encontro e a miscigenação.

Passei por uma bateria de entrevistas em que as ideias eram recebidas com entusiasmo. Como o escopo do trabalho incluía uma série de outras atividades além da curadoria, como coordenação e gestão, sugeri mudar o nome do cargo para curador e diretor artístico, o que também agradou.

Aliás, não sei se todo mundo sabe o que faz um curador. Resumidamente, é aquela pessoa que articula exposições de arte; não só seleciona artistas, como muitas vezes cuida da logística, faz a gestão de recursos, etc. Um curador também pode ser responsável pelo acervo de um museu ou de uma coleção de arte privada. Pode também trabalhar em galerias e equipamentos culturais desenhando todo tipo de estratégia. Talvez você já tenha ouvido falar da Bienal de São Paulo, aquela exposição de arte que acontece no Parque do Ibirapuera. Pois bem, a pessoa responsável por todo o evento é o curador geral. Isso não significa que ele seleciona todos os artistas; ele coordena um grupo de curadores que, além de selecionar artistas, têm outras responsabilidades, como definir o formato da bienal, o título, quantos artistas vão participar, como se distribui o orçamento. Às vezes, é também um embaixador do evento, dando as caras em entrevistas para a imprensa, participando de palestras. É uma profissão que pode ter mil e uma variações e especificidades. A função do diretor artístico por momentos se confunde com a do curador, mas o foco é mais operacional, mão na massa.

Eu deveria falar com muito entusiasmo naqueles dias porque, em todas as entrevistas, falei de um assunto delicado, mas caro pra mim, e que certamente jogava contra mim mesmo.

Já tinha feito tanta reunião e orçamento à toa que criei a estratégia de falar logo de cara os assuntos polêmicos que podem travar uma negociação. A reação espontânea às questões sensíveis sempre gera indicadores – um gesto, um "veja bem", um olhar torto – que escancaram as intenções dos envolvidos. Não se trata de soltar uma bomba para impor minhas ideias e vontades, se trata de abrir o jogo para tentar decifrar o terreno. Se for fértil, haverá espaço para a negociação; se pantanoso, melhor cair fora.

No caso do RBS, falei em alto e bom som que acreditava que uma empresa privada deveria investir em cultura a fundo perdido. Era uma forma de dizer que eu não trabalharia a cultura como marketing, queria independência para pôr em prática as ideias e conceitos que tinha apresentado.

Obviamente também deixei claro que era ciente de que tinha que haver algum retorno para a empresa, e que estava convencido de que, se conseguíssemos levar adiante um projeto inovador e inclusivo, a recompensa viria naturalmente. Apesar de não ser a minha praia, sei que o marketing de hoje é muito sofisticado. Há uma relação direta entre a imagem que a marca projeta e o perfil dos seus consumidores. A Red Bull é principalmente associada a esportes radicais e aventuras e já fazia um trabalho brilhante no âmbito da música, mas não se arriscava em outras áreas da cultura. Minha argumentação era a de que o RBS poderia vir a ser um ótimo laboratório para testar novas ideias.

FORMAR COMUNIDADE

Um dos primeiros programas que criamos com a equipe foi o *slam* Sófálá. O *slam* é uma competição de poesia falada em que sempre há um vencedor. O júri é formado por voluntários selecionados entre o público presente e a premiação é simbólica: livros, CDs, camisetas, sempre doados pelos próprios participantes. No caso do Sófálá, os ganhadores participavam da gravação de um CD, de vídeos ou de uma coletânea. Foi um sucesso, começávamos com o pé direito. Hoje tem *slam* pelo Brasil inteiro, até na Flip (Festa Literária Internacional de Paraty). A cena cresceu tanto que muitos jovens poetas conseguem viver da sua arte.

Criamos também uma série de programas periódicos, com o intuito de formar comunidade, não fidelidade. Buscávamos que as pessoas se sentissem em casa e que incorporassem a ideia de que poderiam chegar no Station a qualquer hora, que haveria algo bacana para assistir ou fazer. A equipe estava sempre disponível para trocar ideias e isso fez toda a diferença. Criou-se uma estrutura de confiança que fazia com que as pessoas se aproximassem e dividissem com a gente suas ideias e projetos.

Organizamos palestras com foco em tópicos diversos, como "Um diálogo entre música e neurociência" ou "Arte em zonas de conflito de guerra", além de exposições, como "Adrenalina", que apresentou um recorte da produção contemporânea em arte e tecnologia. Tínhamos também performances, shows, *site-specifics* (obras de arte feitas especificamente para o lugar) e o Cine Performance, em que projetávamos um documentário seguido de um show audiovisual. Quando possível, fazíamos no mesmo dia eventos direcionados a públicos diferentes para fomentar a arte do encontro.

Como havia imaginado, logo outras áreas do departamento de cultura vieram para somar e o Station virou um *hub*. Com a chegada do Basement, um *makerspace* comandado por Maria Vitória Bermejo, e do Amaphiko, pilotado por Camila Melo, que trabalha o empreendedorismo social, as residências artísticas passaram a ser nosso forte. A certa altura, tínhamos residências de artes visuais, de *hackers*, de empreendedores sociais, e o Pulso, criado pelo pessoal do estúdio e dedicado a músicos e compositores.

Um dos projetos mais ousados foi a FAZ, uma feira *maker* colaborativa. A cena *maker* tem a ver com a cultura do "faça você mesmo", com pessoas comuns botando a mão na massa. No ano de 2008, os editores da revista "Make" enxergaram a possibilidade de capitalizar em torno dessa cena emergente e criaram a primeira Maker Faire (Feira Maker): um evento para celebrar projetos de artes, artesanato, engenharia, ciências e a mentalidade do "faça você mesmo" (DIY – *do it yourself*, em inglês). Sistematizaram o conhecimento, criaram uma franquia, e pipocaram feiras mundo afora.

A ideia da nossa feira era ligeiramente diferente. Queríamos pensar a cena do "faça você mesmo" no Brasil, o país da gambiarra. O Brasil é *maker* desde pequenininho! Para isso, fizemos um chamado aberto a interessados em pensar a nossa própria Feira Maker. Em lugar de adotar uma metodologia de fora, procuramos dar voz aos protagonistas locais. Foi um grande desafio construir um processo horizontal, colaborativo e descentralizado, em que as decisões teriam de ser tomadas junto às pessoas. Pela minha experiência como designer, sabia que nem sempre as empresas estão dispostas a abrir mão de escolhas e estratégias e, sobretudo, a se envolver em processos cujo resultado será incerto. Mas, se a gente queria gerar intimidade e uma relação de confiança com as pessoas, tínhamos que praticar o desprendimento. Se conseguíssemos delimitar os direitos e deveres de cada parte ninguém teria nada a perder. Sabe aquela nota de rodapé: "A opinião do colunista não necessariamente reflete as opiniões do jornal"? No extremo, se o projeto fosse muito experimental e descolado das ações conhecidas pela empresa, esta demonstraria publicamente sua vocação de respeito e diálogo, o que seria um ponto a favor. Mas apostávamos mesmo na possibilidade de entrosamento e cumplicidade entre as partes. Confesso que, a princípio, fiquei preocupado: será que conseguiríamos, junto com a equipe, lidar com os desafios de uma proposta como essa? Pensar que se tudo desse certo todos os lados se beneficiariam nos ajudou a vencer a insegurança.

E assim foi. Fomos tocando as reuniões com extrema transparência, levando as decisões do grupo para a empresa e vice-versa. A Red Bull decidiu entrar no jogo, foi surpreendente. Vou contar dois exemplos de negociações que aconteceram. A primeira tem a ver com a identidade gráfica e visual do projeto. Claro que as pessoas queriam criar a tal da identidade, mas a empresa tem as próprias regras de comunicação visual e imagem. O combinado foi que a identidade visual seria realizada pela agência de publicidade que tinha a conta da empresa, mas buscando o caminho do meio entre as vontades do comitê e as necessidades da empresa. E foi um processo muito rico, o comitê de organização tinha acesso a ótimos profissionais e a empresa tinha um diálogo direto com uma cena emergente e promissora. O outro exemplo tem a ver com o nome do evento: FAZ. Tinha sido escolhido de maneira coletiva após muito suor. De quem seriam os direitos? Foi resolvido que o nome seria das pessoas, mas que, em caso de haver uma segunda FAZ, a empresa teria prioridade para ser a coorganizadora.

Após um ano de planificação e encontros quinzenais, o projeto deslanchou e o Station vivenciou, por três dias, uma dinâmica colaborativa, característica de comunidades horizontais, com oficinas de marcenaria, de reparo de equipamentos em desuso, entre outras.

RACIONAIS MC'S

Em 2017, como parte do Festival Red Bull Music Academy, me coube organizar uma exposição dos Racionais MC's. Baita responsa. Fazia 20 anos do lançamento do álbum "Sobrevivendo no inferno" – que eu tinha comprado num camelô, quando me mudei para São Paulo –, considerado por muitos o álbum mais importante do *rap* brasileiro.

Sabia que seria um projeto exigente e denso. Por muito tempo o grupo evitou o contato com a imprensa e limitou as aparições públicas. Um incidente no show da banda na Virada Cultural de Sao Paulo, em 2007, fez com que o *rap* fosse banido das futuras edições do evento. Em 2017 já tinha passado muita água embaixo da ponte; a banda tinha feito um show épico na Virada Cultural de 2013, mas ainda não havia sido feita uma retrospectiva à altura. Era uma ótima oportunidade para repassar e contextualizar a história do grupo, que conta com uma legião fiel de fãs há mais de duas décadas.

O primeiro encontro seria fundamental para estabelecermos confiança e sinergia. Falei que Racionais era um fenômeno cultural que perpassa as fronteiras da música e da indústria cultural; então, a ideia era montar um projeto de rigor antropológico, que apresentasse o grupo de uma perspectiva ampla. Os Racionais representam boa parte da história da periferia de São Paulo e da história do Brasil, com modos de falar, de vestir, de resistir e de viver.

A proposta foi bem-vinda e logo montamos uma equipe da pesada comandada por Eliane Dias, produtora do grupo, que contou, dentre outros, com o jornalista André Caramante, que acompanha a banda desde o começo, e Klaus Mitteldorf, que abriu seu extenso acervo de fotografias.

Selecionamos centenas de imagens, um bocado de roupas, equipamentos, quadros (o Brown tem uma coleção enorme de quadros enviados pelos fãs), e catalogamos todos os troféus e prêmios. Fizemos uma linha do tempo e montamos uma vitrine para cada integrante do grupo; nela colocamos fotografias, objetos pessoais e manuscritos de letras lendárias, como a de "Diário de um detento", feita por Mano Brown em parceria com o ex-detento Jocenir, sobre a rebelião do Carandiru em 1992, que resultou na trágica morte de 111 presos. Também elencamos uma série de filmes de bastidores e shows. Foi um processo extremamente prazeroso e gratificante. Na certa, uma boa parte da história da periferia de São Paulo estava naquelas vitrines.

Aparentemente, os caras não estavam ligando muito, só foram visitar a exposição no dia anterior à abertura, e cada um por sua conta. São homens de poucas palavras, mas não conseguiam esconder a cara de satisfação ao ver o resultado. Primeiro foi o Ice Blue, depois KL Jay, logo o Brown e, por último, o Edi Rock. Ele ficou tão impressionado que quis trazer a sua famosa bicicleta. Já estava tudo montado e abriríamos no dia seguinte, às 10 da manhã, mas faríamos tudo para receber o prezado objeto. Quando ele chegou, já tinha público na exposição. Colocamos a *bike* no meio de uma das salas, e ele, que tem o maior ciúme dela, falou: "Se deixarmos aí, a galera vai querer tocar e subir. Não dá, né?". Alguém da equipe sugeriu pendurá-la no teto e tudo ficou resolvido. Ocorreram alguns fatos inusitados, como a visita de um livreiro que durante anos enviou livros ao Mano Brown. Quando viu que lá tinha uma estante com os livros que tinha enviado havia uma década, se apresentou à equipe e acabamos fazendo uma entrevista com ele.

Passaram por lá 10 mil pessoas em doze dias. Como o local tinha lotação máxima, as filas eram enormes e, no fim do dia, muita gente voltava para casa sem ter visto a exposição. Não houve um único incidente e a sensação de dever cumprido invadiu todos os envolvidos.

ENERGIA CRIATIVA

Quando estamos no olho do furacão, fica difícil fazer leituras objetivas. Hoje, com a perspectiva do tempo, acredito que o projeto foi um sucesso. O espaço obteve reconhecimento por parte da comunidade artística, a adesão de um público numeroso e heterogêneo, e chamou a atenção da imprensa, que frequentemente publicava as ações que lá aconteciam.

Ao ser convidado para fazer parte do projeto, enxerguei a possibilidade de pôr em prática uma série de dinâmicas que não eram novidade. Os espaços horizontais de troca de conhecimento transdisciplinar já eram tendência mundo afora. Creio que o único fato ligeiramente diferente que aconteceu no RBS foi que conseguimos nos dirigir a várias cenas simultaneamente, com o rigor necessário para sermos levados a sério. Conseguimos isso em pouquíssimo tempo e com um orçamento modesto.

Vocês devem ter reparado que neste capítulo utilizei a primeira pessoa do plural: "nós". Estou falando de um projeto que envolveu muita gente criativa, generosa, disposta e parceira. Nessa hora, todo cuidado é pouco para não supervalorizar as próprias ações e ignorar a contribuição dos outros. Acho que tive um papel importante por ter criado a espinha dorsal de um ser que foi mudando ao longo do tempo. Mas esse organismo cresceu saudável por causa da equipe *mara* que o alimentava diariamente.

Como agradecimento por tudo o que compartimos e também para matar as saudades, quero mencionar, sem critério de ordem, algumas das pessoas com as quais trabalhei. Alguns foram meus chefes; outros, colaboradores externos: Daniela Szwarc, Vanessa Torres, Monica Gambarotto, Maria Vitória Bermejo, Martín Giraldo, Isolda Liborio, Herbert Baioco, Hanayrá Negreiros, Letícia Alessi, Romy Ortega, Ignacio Aronovich, Fernanda Ramone, Ximena Buteler, Marcella Galeotti, Adriana Terra, Camila Melo, Flávia Vendramin, Afonso Coutinho, Iza Correia, Carol Ângelo, Otavio Vidoz, Regiane Teixeira, Tarsila Riso, Clara Rufatto, Victor Patesh, Alejandra Luciani, Chileno Carlos, Denise Alves Rodrigues, Rodrigo Funai, Gabriela Pacheco e Bruno Singal.

CAPÍTULO 8

~~LABIRINTO EM CONSTRUÇÃO~~

Em julho de 2018, senti que já era hora de fazer a roda girar. Precisava mudar alguma coisa e, após quatro anos de Red Bull Station, pedi as contas.

Não foi uma decisão fácil, gostava muito do projeto. Temia sentir falta da rotina, da presença dos amigos, de conhecer pessoas novas, de descobrir os movimentos mais bacanas da cidade... Tinha uma posição de relativo destaque no universo da cultura e também presumia que poderia sentir falta desse pequeno poder. Para variar, não tinha reservas econômicas, mesmo sendo a primeira vez na vida que tive salário fixo.

> Ao longo da vida fui estabelecendo certa intimidade com a intuição. Gosto de pensar nela como um conjunto de mecanismos inconscientes que estão sempre alerta, analisando e dimensionando riscos e oportunidades. Quando ela insiste em vir me visitar, presto atenção se não estou deixando de perceber alguma coisa, algum sentimento, a saúde das relações, as dinâmicas ao meu redor, e por aí vai. Descobri que quando você olha para dentro tentando identificar seu estado de espírito, você tem boas chances de descobrir aquilo que está fora dos eixos.

Outra coisa na qual gosto de acreditar – e para a qual não tenho explicação pseudocientífica, é crença mesmo – é que quando nos jogamos no vácuo da vida, abertos ao que der e vier, as coisas acontecem. Pensando assim, agora, hummm... Talvez tenha a ver com a voz da intuição, né? A intuição, às vezes, é premonitória. Ou será que tem a ver com o fato de que, quando não temos expectativas, prestamos mais atenção nas coisas e enxergamos novas oportunidades? Deixa pra lá.

Como já tinha acontecido outras vezes, atropelei dúvidas e incertezas e me joguei sem muitos planos. Não parei de trabalhar! Muitas coisas aconteceram em pouco tempo.

Deixei o RBS em julho e fiz uma exposição na Zipper Galeria. Apresentei uma instalação tecnológica interativa que incluía robótica, *lasers*, sensores e trilha sonora. Trabalhei com uma pá de gente, 15 pessoas na equipe. Não deu tempo de ter saudade do passado recente. Na exposição, também fiz pela primeira vez uma obra em realidade aumentada e um filme de realidade virtual. O legado ficou por conta de um livro que conta o processo e de um álbum musical, editado pelo selo Contour Editions, de Nova Iorque. A propósito, a exposição foi inspirada em B-15, o maior *iceberg* que já se desprendeu da Antártica. Tinha o tamanho da Jamaica! Separou-se do continente em 2000 e desapareceu em 2018. Foi monitorado via satélite durante todo esse tempo, pois tornava perigosa a navegação. Se quiser saber mais sobre a exposição, lá no meu site tem o livro para *download*.

Em agosto, participei do Festival Perfídia, num lugar incrível que é o Teatro de Contêiner, no centro de Sampa, e de uma exposição na São Paulo Fashion Week, a convite de Daniela Thomas e Mari Nagem. Tive a chance de produzir uma obra que queria fazer há muito tempo e não tinha recursos: um *iceberg* de madeira de 11 metros de altura, desenhado em parametria – técnica de projeto por algoritmos – e cortado a *laser*. Quando faço uma obra que considero importante, ou crio uma nova série, monto um arquivo PDF com as informações (ficha técnica, imagens, textos, processo criativo) e mando para as pessoas da minha lista de contatos. O PDF de "Iceberg" foi o passaporte para uma Bienal em Lisboa em 2020 e um prêmio no Uruguai!

Em setembro, fiz uma apresentação multimídia na Unibes Cultural, dentro do SP Urban Digital Festival, e em novembro participei do Voltaje Salón de Arte y Tecnología, na Colômbia. Dezembro foi puxado: fiz uma instalação multimídia na Praça do Pôr do Sol, em São Paulo, para o SP Urban Digital Festival; um *videomapping* num prédio histórico em Salvador, no festival SSA Mapping; e ainda participei da feira de arte Untitled, em Miami, junto à Zipper Galeria.

A quantidade de projetos em que me envolvi no primeiro semestre após a saída do RBS foi realmente surpreendente, mas, de certa forma, isso faz parte da rotina de um artista multimídia. Dois eventos foram especialmente marcantes e transformadores nesta nova etapa: ter conhecido o dançarino nigeriano Qudus Onikeku e ter começado a cursar uma pós-graduação em gestão cultural.

Retomando a metáfora da vida como um labirinto, poderia dizer que duas novas galerias se abriram.

ACEITA DÉBITO?

Em janeiro de 2018, ainda trabalhando no RBS, soube de um curso de pós-graduação em gestão cultural do Itaú Cultural com o Instituto Singularidades. O nome era bem sugestivo: "Gestão cultural contemporânea: da ampliação de repertório à construção de equipes colaborativas".

Já estava pensando em deixar o RBS, mas não tinha planos de me envolver em projetos similares, fosse como curador, diretor artístico ou gestor. Como já comentei, queria retomar minha produção artística. Porém, estava gostando da experiência, gosto de conhecer pessoas novas, de saber o que pensam, do que gostam e do que sentem falta, e acho que trabalhar numa organização ou instituição cultural é uma forma de participar da vida pública, de pensar e atuar para o coletivo.

De vez em quando me pego pensando que os artistas, com sua forma diferente de pensar o mundo, deveriam ocupar cargos em outras áreas da iniciativa pública e privada. O pensar disruptivo, a criatividade aguçada e o espírito crítico do artista têm muito a contribuir em qualquer aspecto de uma organização. Outro dia, um artista amigo veio almoçar em casa e perguntei como estava o trabalho. Fazia três anos que ele tinha sido contratado por uma multinacional para programar uma plataforma digital de comunicação. Contou que estava realizando um monte de tarefas, menos aquela para a qual tinha sido contratado. A organização foi percebendo a sua capacidade de adaptação, a sua flexibilidade e proatividade, a sua vontade de encarar desafios e trabalhar em equipe, e foi colocando nas mãos dele todos os pepinos.

Meu amigo não estava feliz, estava segurando o emprego, pois as coisas não estão fáceis, mas esse é um bom exemplo do que eu estava querendo dizer. Não estou afirmando que somente os artistas tenham essas habilidades, quero dizer que não é comum ver artistas nas empresas e, ao meu ver, isso seria muito saudável. Artistas costumam ser menos pragmáticos, pensam de uma maneira mais solta e relaxada, o que muitas vezes abre espaço para a criatividade, e esse tipo de pensamento, associado a contextos específicos, pode se reverter em ações práticas, gerando um círculo virtuoso.

A multiplicidade de perspectivas e abordagens é central à ideia de transdisciplinaridade: quanto maior a diversidade de pensamento, mais rica será a experiência, a elaboração do problema e sua solução, etc. Estratégias e metodologias com este perfil – denominadas STEAM (*science*/ciência, *technology*/tecnologia, *engineering*/engenharia, *art*/arte, *mathematics*/matemática) – são cada vez mais procuradas por instituições de ensino, organizações de todos os segmentos e governos. Adivinhe qual foi a última disciplina a entrar no combo? Sim, a arte.

Um pouco por tudo isso, me inscrevi na pós. Achei que poderia aprender sobre assuntos que nunca tinha estudado. E assim foi! Intuição, lembra?!

A grade curricular do curso é inovadora e ousada, a didática, disruptiva, e o quadro docente, variado e provocador. O projeto tinha sido desenhado para debater questões urgentes: a desigualdade no acesso à cultura, as reivindicações das minorias, a valorização do saber das culturas ancestrais, o impacto da tecnologia no mundo contemporâneo, a gestão colaborativa, solidária e responsável, dentre outras questões. A turma era muito heterogênea: tinha produtores, poetas, músicos, artistas, atores, gestores, galeristas, captadores de recursos, mediadores, arte-educadores – todos envolvidos de alguma forma com gestão. Havia representantes das diversas regiões do país, LGBTIQ+, mais da metade era não branca, e tinha o Alê, que é surdo – havia três tradutoras só pra ele. Dava para sentir que tinha havido uma preocupação especial em incluir e diversificar. Talvez por isso, o processo seletivo incluísse o envio de um vídeo, no qual o participante expunha sua experiência e intenções. Achei bacana que a iniciativa partisse de um banco, uma das corporações mais corrosivas da sociedade. É evidente que temos que mudar muita coisa no mundo em que vivemos, pelo menos eu acho, e, com certeza, o curso era uma boa iniciativa nesse sentido.

Muitas das aulas foram em lugares insólitos, como a aldeia guarani Itakupe, no Pico do Jaraguá. Os indígenas cozinharam para a gente, fizeram um ritual no meio da floresta e participamos de uma cerimônia com o pajé. Compreendemos seu passado, a importância daquelas terras para a sua cultura, sua forma de encarar a natureza, as suas crenças.

Num determinado momento, eles montaram uma espécie de feirinha com colares, cestas, roupas, adornos, rapé, etc., e todo mundo se amontoou ao redor deles. O rapaz que vendia as cestas falou que as "originais" eram as confeccionadas com junco claro e marrom-escuro; as coloridas, eles faziam para os brancos e, com um sorriso irônico nos lábios, acrescentou: "Usamos as cestas para transportar alimentos; os brancos as colocam no banheiro, para recolher o papel higiênico". E riu. Nós rimos.

No meio do alvoroço, ouço alguém do grupo vociferar de longe: "Vocês aceitam débito?". Gente! Além de estarmos numa aldeia indígena, estávamos no meio do mato! Para surpresa de todos, uma jovem guarani respondeu: "Sim, claro!". Não sobrou nada.

Na aldeia existe um grupo de hip-hop formado por três jovens que rimam em guarani: Oz Guarani. Recentemente, fui convidado para fazer uma curadoria para uma corporação e os convidei para serem parte da programação. Arrasaram. As pessoas mal podiam acreditar no que viam.

Outra das aulas do curso foi no Campo do Gema, na Cohab 1, na Vila Nhocuné, zona leste de São Paulo. O campo é conhecido por ser o berço do grupo de pagode Negritude Junior e um dos polos do futebol de várzea da cidade. Nessa aula ficamos por dentro da história do Movimento Negro Unificado de São Paulo, por meio dos relatos de alguns dos seus fundadores. O Chick Show e o Baile Black eram realizados no salão de festas do Clube Palmeiras e sinalizavam o impulso de afirmação da cultura negra no Brasil. Em 1978, veio ninguém menos que James Brown.

Nesse módulo, ainda tivemos aulas de *dance music* com Nelson Triunfo, um dos caras que viveram na pele toda essa história. Foi maneiro ver a turma toda fazendo aquele passinho clássico de funk. Também participamos de um *slam* de surdos; e visitamos a Igreja do Rosário da Penha, construída por escravos, onde ouvimos um concerto das Pastoras do Rosário com Renato Gama, nosso professor. Nesse dia, choramos pra valer.

Tivemos aulas também no Teatro de Contêiner, da Cia. Mungunzá de Teatro, que fica na região da cracolândia – já falei dele antes –, e na companhia de teatro Estopô Balaio, que fica no Jardim Romano, zona leste. Eles apresentaram para a gente a peça "A cidade dos rios invisíveis", que começa na estação Brás do metrô, quando entregam a cada pessoa um mp3 *player* que toca um áudio que acompanha o trajeto. Chegando lá, a peça se desenrola pelas ruas do bairro e a trama envolve os moradores do lugar, que, muitas vezes, são os personagens da história.

Dentre os professores também estava o neurocientista, biólogo e neurobiólogo Sidarta Ribeiro, um dos fundadores do Instituto do Cérebro da Universidade Federal do Rio Grande do Norte. Além de ser uma referência em estudos do sono, sonho e memória, é mestre de capoeira. As aulas dele eram com o berimbau na mão; a todo instante interrompia sua exposição para traçar algum paralelo com a capoeira. Lá estava a turma toda batendo palma, cantando, e dançando de novo.

A aula da professora Naine, uma indígena da tribo Terena, originária do Mato Grosso do Sul, também apresentou uma didática inusitada. Num dos exercícios, encenamos ser membros de uma tribo adentrando na floresta para caçar. Todos andando acaçapados, esquadrinhando ao redor, olhar desafiante e lança em riste. Quem chegasse à sala naquele momento ia achar muito curioso. Era tudo tão autêntico, diferente e desafiador que a turma entrava de cabeça em todas, parecíamos verdadeiros terenas. E mais, o encontro com ideias e contextos tão diversos estimulou a unidade do grupo; saíamos sempre depois das aulas para beber cerveja e comentar as experiências.

No último módulo, visitamos a Fundação Casa Grande, em Nova Olinda, na região do Vale do Cariri, que fica na Chapada do Araripe, no Ceará. Eita lugar lindo! Tem pintura rupestre e fósseis de mais de 100 milhões de anos. Até dinossauros acharam por lá. A fundação, dirigida por Alemberg Quindins, trabalha com as crianças do lugar. É como uma segunda escola, onde elas aprendem de tudo um pouco: são monitoras do museu, técnicas do teatro, cuidam da biblioteca, tocam uma rádio comunitária. É de tirar o fôlego a inteligência, sensibilidade, perspicácia e autoestima que elas desenvolvem. Inevitavelmente, me lembrou a escola de música que frequentei quando criança.

Ao todo, foram doze módulos e muitas disciplinas, não cabe tudo aqui, mas acho que deu para sacar o espírito da coisa. O curso mexe com qualquer um. Para mim significou viver a cultura com o corpo todo, revisitar a história na voz dos próprios protagonistas, reconhecer privilégios e desconstruir preconceitos.

Minha monografia está relacionada com a humanização da tecnologia. Quero criar um algoritmo de inteligência artificial que seja capaz de escrever um livro de filosofia. Foi aprovada e a banca sugeriu que desse continuidade à pesquisa num doutorado.

Outra grande alegria é que fui convidado para ser professor da próxima turma! Vou ministrar a disciplina relacionada com tecnologia.

MARATONA INTERCONTINENTAL

Como já mencionei, outra dobra inesperada no labirinto da vida foi ter conhecido o Qudus no NIDO – Festival Internacional Artes Vivas, em Rivera, Uruguai.

O festival foi realizado numa fazenda afastada da cidade e os participantes convivíamos 24/7 (como eu expliquei em outro capítulo, 24 horas por dia, 7 dias por semana).

O encontro com Qudus foi inesperado e curioso. Olhando para trás, me parece que tudo já estava escrito em algum roteiro de autor desconhecido, como quando conheci Francisco ou Paola.

Ele chegou tarde da noite, dias depois de o evento ter começado. Eu havia ouvido boatos de que tinha perdido o voo e passado alguns perrengues do outro lado do mundo, que a viagem tinha durado 40 horas ou mais. Você deve pensar que o cara estava destruído e irritado, comentando a odisseia. Nada, estava com a energia lá em cima, falando e sorrindo alto. Tinha uma gargalhada estrondosa que dava para ouvir a quilômetros de distância. Vestia uma roupa diferente e colorida, a calça eras mais larga que as bombachas dos gaúchos, e o boné, de um formato que nunca tinha visto. Parecia o gênio da lâmpada. Em parte atraído pelo exotismo da sua figura, em parte pela sua boa onda, fui trocar uma ideia com ele. Começamos a falar de qualquer coisa, da comida, não me lembro, mas com certeza não era nada sério. Simpatizamos de cara e, minutos depois, já estávamos combinando de colaborar – esse era um dos objetivos do NIDO –, mesmo sem nenhum dos dois ter a mínima ideia do que o outro fazia. Pelo visto, ele gostava de desafios tanto quanto eu.

No dia seguinte seria a primeira atividade dele, um *workshop* de dança nigeriana e improvisação. Assisti atento e curioso, inclusive me senti à vontade para ficar entre os bailarinos captando imagens. Fiquei trocando ideias com alguém e, quando vi, Qudus tinha sumido. Lembrei da sua longa viagem e pensei que poderia estar dormindo.

Na noite anterior, tínhamos combinado rapidamente, antes de nos despedirmos, que eu faria uma cenografia improvisada para a apresentação de dança que ele faria à noite. Mas, como não tínhamos falado mais, não sabia se a ideia, ou melhor, se a loucura ainda estava de pé. Além disso, também não tinha nenhuma informação ou deixa para poder criar algo. Mas, para mim, falou está falado, eu tinha dado minha palavra e não iria falhar.

Fiquei a tarde inteira tentando pescar alguma ideia interessante. Nada. Fui praticar Qi Gong na frente do lago quando me lembrei dos vídeos que tinha feito pela manhã. Quem sabe lá não tinha alguma coisa que prestasse. Fiquei um tempão vendo o material, tinha dezenas de vídeos e imagens. Nesse sentido, o digital é *uó*. Muitas vezes me pego filmando e fotografando além da conta. Finalmente, encontrei uma sequência de vídeo em que Qudus estava deitado no chão, esbaforido após um solo de dança. Aos poucos, a sua respiração ia se acalmando e o corpo entrando em repouso. Tinha um minuto e meio de duração. Fiquei tentando entender por que aquilo tinha me chamado a atenção e cheguei à conclusão de que aquele corpo negro estendido no chão me remetia ao cotidiano de violência e morte que vemos cotidianamente no Brasil. Essa leitura me agradou, parecia uma metáfora potente de explorar por meio da dança, e, sem dúvida, havia ali um pensamento crítico e político. Pronto, tinha o conteúdo, faltava a forma.

Como o corpo estava no chão, me ocorreu de colocar o vídeo numa TV, também no chão, como se fosse um túmulo. Pensei se não era forte demais, talvez fosse, mas não tinha muito tempo nem opções.

As horas passavam, mas já tinha conteúdo e forma. "Simbora produzir essa parada aê", pensei! Revirei a fazenda até encontrar uma TV. Na sede, encontrei uma das boas, 60 polegadas e novinha em folha: era perfeita. Deu um trabalhinho – "É pesada", "O suporte é difícil de desmontar", "Deixar no chão? Você tá louco? É muito cara" –, mas, como me comprometi a cuidar de tudo, consegui convencer o pessoal da organização a me emprestar o aparelho.

Com a adrenalina a mil e a sorte do meu lado, jamais imaginei que o mais trabalhoso seria passar o vídeo do celular chinês, em que tinha feito as imagens, para o meu computador Mac. Tentei mil e uma estratégias, cabos, *bluetooth*, wi-fi, nada. Celular chinês e computador americano não conversam. Desconsolado e já desistindo, aos 45 do segundo tempo, uma criança que jogava pingue-pongue disse: "Por que vocês não mandam o vídeo por WhatsApp?". Para tudo: como? Óbvio!

A essa altura, o espetáculo já estava para começar e ainda não tinha encontrado Qudus. Entrei que nem louco na sala onde seria a apresentação e lá estava ele se aquecendo. Me cumprimentou e disse algo como: "Não deu, né, *man*? Relaxa, estava muito em cima da hora". Pensei comigo: "Você não me conhece, rapá!" e respondi: "Cara, tô com tudo pronto aqui". Ele me olhou com cara de surpresa, não tinha nada comigo. No momento em que me viro em direção à porta, entra uma galera carregando a TV. Ele arregalou os olhos e não entendeu nada. Montei a parada no chão, mostrei o vídeo pra ele, contei sobre a violência contra a população negra no Brasil, o túmulo, etc. Disse também que a minha ideia era que o vídeo ficasse em *loop* o tempo inteiro, como se fosse uma instalação de arte, e que ele poderia improvisar em volta do aparelho nos momentos em que achasse oportuno.

Ele me olhava surpreso, descrente; olhava para a TV e olhava para mim. Ficou sem graça e sem palavras e eu, que não sou bobo, saquei o seu desconforto. Pensei rápido e falei: "Ô, me ocorreu uma alternativa que talvez seja interessante: que tal encobrirmos a TV com um pano preto até o momento em que você decidir interagir com o vídeo?". Também o deixei à vontade caso quisesse desistir da ideia. Topou o pano.

Quando vi tudo instalado, fiquei com a sensação de que faltava algo. Luz! Era a luz. A sala onde ocorriam os espetáculos parecia um ginásio e era iluminada por lâmpadas de luz branca. Precisava urgentemente improvisar algo para dar um *tchan*. Voltei a dar um rolê pela fazenda e descobri um par de *led* – um tipo de refletor comum nos teatros – que ambientava o bar. Com a garantia de remontar tudo tal qual estava, consegui o segundo empréstimo e, graças à colaboração de outros artistas, montei os refletores coloridos nas laterais da sala. Somados à luz branca que vinha do teto, davam algumas variantes. Mostrei rapidamente as opções para Qudus e ele fez um gesto qualquer que entendi como: "Vai em frente".

As pessoas já estavam no espaço, estávamos prestes a começar e estava tudo pronto. Faltava que ele me desse alguma pista sobre o que iria acontecer. Fiz um sinal para ele chegar junto e perguntei: "O que você espera da luz?". Ele me disse: *"Feel free"* (que eu entendi como "Fique à vontade!"). "Ferrou", pensei, "se fizer algo nada a ver, vou estragar o trabalho do cara!".

O espetáculo já havia começado, a adrenalina lá em cima. Tinha sido tudo tão corrido e improvisado que fiquei pensando nas coisas que poderiam dar errado. Não lembrava se tinha desativado o protetor de tela do computador – que estava reproduzindo o vídeo: "Ô, meu Deus, o cara vai tirar o pano preto no clímax e vai aparecer o logo da Apple!", pensei. Por sorte, isso não ocorreu.

Embora eu tivesse três ou quatro opções de luz, fiquei tenso o espetáculo inteiro, tentando "sentir" o momento de intervir. A dança dele é muito enérgica, ele fica agitado o tempo todo – por momentos, ofegante. Mas estávamos conectados: fiz dois *fade-outs* (quando o palco fica sem luz) em momentos oportunos, o que marcou o fim de cada movimento.

Tudo parecia andar às mil maravilhas. No que seria o terceiro ato, ele tirou o pano da TV e interagiu com o vídeo. Foi forte, emocionante, parecia que ele estava falando consigo mesmo em outro plano, ou ainda chorando a própria morte, sei lá. Sem nenhum sinal ou olhar dele, quando achei que estava no clímax, fiz um *fade-out*, a sala ficou escura e o público aplaudiu. Seria um belo final se eu não tivesse viajado na maionese e acendido novamente a luz! No fim das contas, não tínhamos combinado duração, nem quantidade de atos, nem nada, e, como quando estamos ansiosos o tempo corre mais rápido, achei que o espetáculo tinha sido curto e, *pum*, acendi as luzes novamente!

Lembro que o vi sentado num canto, sem fôlego, destruído. Ficou surpreso, notei isso nos olhos arregalados, mas disfarçou com classe e saiu para uma nova rodada. Experiente e esperto, fez um ato breve e tudo acabou bem. Até hoje, quando comento o episódio, ele insiste que não ficou surpreso. É um cara bacana.

Após a apresentação Qudus veio jantar e, jogando conversa fora, me perguntou sobre meu trabalho e o que eu faria no festival. Comentei sobre a exposição que tinha acabado de fazer na Zipper Galeria com *lasers*, sensores e microcontroladores e o presenteei com o último exemplar que ainda tinha comigo do livro editado por conta desse projeto. Na manhã seguinte, me deu bom-dia sorrindo e disse: "Dei uma fuçada no livro, estou trabalhando numa obra nova e queria te convidar para trabalharmos juntos. Topa ir pra Lagos (Nigéria), em fevereiro, e depois passar um mês de residência em Paris?". Ora, pois! Dito e feito: dias depois de voltar do Uruguai, recebi a ligação de uma produtora de Paris para acertarmos todos os detalhes.

BRASIL E NIGÉRIA, TÃO PERTO E TÃO LONGE

Chegou fevereiro e... partiu Nigéria!

Não há voo direto entre Brasil e Nigéria. Fiz escala em Casablanca, Marrocos. Fui um dos primeiros passageiros a descer do avião e tive a sorte de ser selecionado para inspeção alfandegária. Depois de uma longa espera – tinha mais de 200 pessoas no voo e revistavam uma a uma – me fizeram algumas perguntas, passaram a bagagem de mão pelo raio-x e me deixaram ir. Seriam doze horas de espera até o voo de conexão e saí andando muito devagar pelo imenso corredor vazio.

Quando já estava saindo do desembarque, ouvi um assobio, segui em frente mesmo sabendo que era comigo. Um dos agentes veio correndo até mim, disse que iriam fazer uma segunda revista. Me levaram para uma sala reservada, onde havia uma máquina esdrúxula que, deduzi, seria um *scanner* de corpo inteiro. Os quatro agentes eram muito desengonçados, dois vestiam farda e dois estavam à paisana. Dentre eles, o que parecia ser o chefe era o mais rude e mal-educado. Tinha ficado de olho nele ao descer do avião porque entrevistava as pessoas com um olhar desvairado, falando alto e grosso. Pediram para eu subir no estranho artefato, assim o fiz. Abri as pernas e levantei os braços, como geralmente pedem nesse tipo de procedimento. Eles se assustaram, fizeram sinal para abaixar os braços e balbuciaram alguma coisa que não entendi. Não tinham percebido que eu tinha o celular no bolso da calça e, querendo colaborar, o pus sobre um móvel. Levei outra bronca. Começaram a falar entre si e a fazer gestos estranhos uns para os outros, parecia que não sabiam operar o aparelho e não chegavam a um acordo. A cena era patética, pareciam os três patetas, e me deu vontade de rir, mas me contive. Demorou uma eternidade até me deixarem ir, e suspeito que não conseguiram fazer a máquina funcionar. Como acontece frequentemente comigo, fizeram algum comentário sobre futebol: "Eh! Uruguai, Suárez, Cavani!" e me deram tchau.

NADA PRA MIM?

A chegada à Nigéria não foi menos emocionante. Tinha tido problemas para emitir o visto convencional e fui obrigado a fazer o trâmite na chegada. Tinha um finlandês na mesma situação. Foi demorado, a única pessoa na sala estava dormindo, eram 5 da manhã e, certamente, não tínhamos chegado em boa hora. Resulta que o cartão de crédito do cara não passava, e não aceitavam dinheiro vivo. Tentei ajudar em vão – tinha pagado meu trâmite, mas o cartão não passava novamente. Tentei outros e nada. Fui embora com a certeza de que o cara estava encrencado.

Tinha um único guichê de vistoria de passaportes funcionando. O resto estava às moscas, ninguém mais na sala. O agente me dá bom-dia e emenda: "Nada pra mim?". Eu: "Hã?". Ele: "Nada pra mim?". Eu: "Não entendo, *sir*". Ele deu uma risada irônica e me devolveu o passaporte. Pensei: "Coisa estranha". Segui em frente por um grande corredor, recolhi a mala e rumei pra saída. No caminho, fui parado por uma moça grande, vestida de militar, e, para minha surpresa: "Nada pra mim?". Eu: "Não estou entendendo". Ela: "Me dá qualquer coisa aí que te deixo passar". Ahh, agora ficava tudo mais claro! Deixei ela abrir a mala e revirar tudo. Passei pelo mesmo protocolo mais duas vezes. Os últimos agentes estavam à paisana e se diziam do departamento de narcóticos. "Nada pra mim?". Completamente fora de mim, disse: "Moço, pode abrir e revirar tudo". Eles: "O que você faz?". Retruquei: "Sou artista". Na sequência, abri um dos meus livros, que estava embalado no *shrink*, e dei para eles como prova. Para o meu desespero, começaram a folhear o livro página por página! Não sabia se devia rir ou chorar.

Abre mala, desmonta mala, monta mala, fecha mala... Demorei tanto que a pessoa que tinha ido me buscar foi embora. Para piorar, no pequeno aeroporto, tudo fechado. Não tinha como tomar um café, nem comprar um *chip* para o telefone. Só restava esperar. Três horas.

Insolitamente, a sala de desembarque estava lotada, todo mundo esperando sei lá o quê. Arrumei um canto pra sentar e fiquei espiando as pessoas, estava começando a ficar legal! Lá pelas tantas, chega o finlandês! Adivinha como tinha resolvido a situação? Isso! "Nada pra mim?"

A vida é realmente surpreendente. Jamais imaginaria que conheceria um técnico de futebol finlandês no aeroporto de Lagos! Ele me emprestou o telefone para ligar e mandaram um carro me pegar. Demorei duas horas para chegar na casa de Qudus mas, mesmo esgotado, foi incrível. Lagos é tudo de diferente do que conhecia. Me apaixonei de cara pelo lugar, pelas pessoas, pela comida.

Há uma ligação muito forte entre a Nigéria e o Brasil. Uma boa parte das pessoas que foram escravizadas no Brasil vieram de lá e trouxeram junto a sua cultura. Há semelhanças na culinária, na música, na língua, nos hábitos. Nas ruas de Lagos, é comum ver pessoas carregando qualquer tipo de coisa na cabeça. "Lata d'agua na cabeça, lá vai Maria" diz o samba. A cultura iorubá dá origem a muitos dos cultos religiosos de matriz afro, como o candomblé e a umbanda.

Por meio de uns artistas que tinham viajado pelo norte do país, conheci o *kwambe*, uma manifestação de rua prima da capoeira. Tudo o que ouço falar sobre capoeira remete a Angola, mas seria incrível descobrir um ancestral nigeriano.

Soube que o nomadismo e a miscigenação das culturas africanas faz com que seja muito difícil identificar a origem dos fenômenos culturais. Os estudos antropológicos são relativamente recentes no continente, e, como há dificuldade em acessar os territórios, além de carência de infraestrutura, ainda há muito a descobrir sobre a cultura no continente.

Continuo pesquisando. Não há informação nenhuma na internet, mas com certeza vou me aprofundar no assunto assim que voltar lá.

ORA YÊ YÊ Ô![1]

A maior surpresa da viagem foi conhecer o templo de Osun (Oxum), que fica à beira do rio de mesmo nome e bordejado por uma floresta remanescente, ou seja, intocada desde tempos imemoriais. Os orixás são ancestrais relacionados às forças da natureza e Osum é a rainha das águas doces, da beleza e da vaidade, da abundância material e espiritual. Representa a força e a sensibilidade da mulher.

Percorremos o lugar guiados pelo babalaô, espécie de sacerdote. Num clarão à margem do rio, do lado de uma escultura gigante da divindade, ouvimos as rezas em forma de cânticos de um grupo de mulheres lindas, todas de branco e abarrotadas de balangandãs. Foi sublime.

Fez-se um longo silêncio.

Depois assistimos a uma cerimônia em devoção a Osum no tempo principal. Era proibido fazer imagens, porém me foi permitido registrar o som desse momento especial. Foi um dos tesouros que trouxe de lá, planejo utilizar esse material na minha próxima performance audiovisual.

Era tudo tão primitivo que foi como fazer uma viagem no tempo. Tive a mesma sensação na primeira vez que visitei a Amazônia profunda. Nesses lugares, entramos em contato com uma noção de tempo que não mais existe nas grandes cidades, com costumes e saberes esquecidos. Na nossa sociedade hipertecnológica, as pessoas passam horas hipnotizadas pelos dispositivos digitais, a ponto de, hoje, uma simples roda de conversa já ser revolucionária.

Voltando a Lagos, o transporte coletivo acontece em peruas, mototáxis e milhares de *keke*, pequenas motos com cabine para transportar até três passageiros. As ruas do centro são um completo caos. Dizem que o caos esconde uma ordem que desconhecemos. Tal qual. Milhares de pessoas e carros coexistem nas ruas da cidade e não presenciei nenhum acidente. No passar dos dias fui achando o ritmo, seguindo o *flow*, e me ocorreu que Lagos pulsa ao ritmo das buzinas. Todo mundo buzina – e quando digo todo mundo, põe barulho aí. E buzinam de um jeito especial. Não é um "pi-piii"; eles fazem um "piiiiiiiii". Por exemplo, se você caminha na contramão do trânsito, você ouve a buzinada começar uns 20 metros

---

1 Saudação ao orixá Oxum no candomblé.

à sua frente; o volume aumenta, o som passa por você e se esvai alguns segundos depois. Um veículo após o outro. Enfim, posso estar exagerando, coisa de artista, mas achei um fenômeno interessante. Registrei umas duas horas de som urbano; quem sabe um dia não componho uma sinfonia.

Quando saia à rua sozinho, era o único branco entre milhares de negros. Me chamavam de *oyibo*. Descobri que é a palavra que usam para designar os não africanos.

Estava na Nigéria para trabalhar na obra de Qudus e para participar do Dance Gathering, o festival de dança que ele organiza. Havia uns 60 jovens de vários países da África, com idade média de 20 anos. A habilidade deles era extraordinária e, nos seus movimentos, eu redescobria o Brasil. É impressionante ver o quanto da nossa cultura deve à deles. Numa das coreografias que estavam criando, tocavam um "funk proibidão" repleto de palavrões. Falei o significado, mas nem ligaram, afinal de contas, ninguém entendia o que estava sendo dito.

O dia começava com uma oficina de percussão a cargo do mestre Papa. Ele tinha uma coleção de instrumentos de toda a África. Quando entrei pela primeira vez no teatro e vi aquela orquestra, pirei. Tinha uns tambores de dois metros de altura que só podiam ser tocados com escada. Ninguém me convidou, mas sentei na primeira cadeira que encontrei vazia e lá fiquei aguardando o começo da aula. O instrumento à minha frente era um *slit drum,* um tronco de árvore com uma fenda e o interior oco.

A ideia era criar uma música para apresentar no encerramento do festival. O mestre apontou aleatoriamente uma pessoa e pediu que improvisasse um padrão e acenou para que os outros fôssemos entrando aos poucos. Apesar da juventude, todos tocavam, no mínimo, bem; dava para sentir que aquela prática fazia parte da genética. Quando conseguimos criar uma sequência que lhe agradou, Papa se afastou e começou a organizar o som: "Você, toca um pouco mais alto; você, bate mais na lateral do instrumento...". Também mudou a posição de um ou outro tambor. A mim, ele pediu que tocasse mais alto. "Firmeza", pensei, "tô indo bem". Depois de alguns dias de prática, ele decidiu que cada um faria um pequeno solo. Suei a gota gorda. Mano do céu, não é mole ter um mestre percussionista nigeriano na sua frente pedindo para você solar. Fiquei supernervoso e comecei a errar tudo, mas mestre Papa é classe e, com a maior calma e ginga, foi me tranquilizando. Consegui sintonizar o modesto padrão que tinha criado, algo parecido com o toque do afoxé.

O mestre era uma pessoa de poucas palavras, bem colocadas. Quando ficava bravo, era um leão. Os meninos estavam na flor da adolescência, com os hormônios explodindo, e um par de garotos, que mandava muito bem, começou a querer se mostrar fazendo firulas. O mestre deu uma tremenda bronca. Com dureza, mas sem perder a ternura, falou que a música era algo sério, um momento de conexão consigo, com os outros e com antepassados. Fiquei admirado com o poder dos seus ensinamentos e fiz uma entrevista com ele, que aliás está no meu canal no Vimeo. Descobri que, para eles, os tambores são forças vivas, não podem ficar em silêncio ou em museus como, muitas vezes, os ocidentais os colocam.

O teatro onde ocorria o festival ficava em frente ao Ministério do Interior. No fim de semana seguinte, haveria eleições no país e a rua estava fechada, lotada de caminhões com as papeletas de votação. Militares armados com fuzis percorriam a rua de lá pra cá, e camionetas do Exército saíam em disparada a todo instante, parecia um filme da sessão da tarde. Escondido, fiz umas fotos por trás das janelas de vidros quebrados com minha lente *zoom*. No dia seguinte, o teatro foi invadido por militares, tinham visto pelas câmeras de segurança alguém tirando fotos. Me fiz de bobo, eu tinha fotografado no dia anterior. Naquele dia tinha sido um artista polaco. Os militares queriam que ele apagasse o cartão de memória da câmera e Liw argumentava que não era preciso, que apagaria só as fotos da rua, lá tinha também outras fotos da viagem. Gritaria pra cá, empurrões pra lá, tudo terminou bem.

Foram dias intensos, de deslumbramento, de cooperação, e de muito trabalho. As atividades começavam às 9 da manhã e terminavam às 9 da noite. O almoço durava exatamente uma hora. Não teve um único dia livre.

E, se a chegada tinha sido difícil, a despedida foi pesadíssima. Estávamos voltando para casa, exaustos, após o fim do festival. Qudus no volante, eu no banco do carona, e mais três pessoas no banco de trás. O carro cheio de equipamentos. Seria uma da manhã, ruas vazias por causa das eleições, e para evitar um grande volta pegamos um quarteirão na contramão. Assim que viramos à direita, um carro acende as luzes e vem em nossa direção a toda velocidade. Era a polícia. Desceram quatro pessoas com fuzis, abriram todas as portas do carro e gritavam para a gente descer.

Começou um bate-boca inenarrável, e eu não entendia quem estava no comando, se a polícia ou os meus amigos. Surreal. Estava sentado no banco da frente com caixas no colo e a mochila repleta de equipamentos. Um policial apontava um fuzil e pedia, aos berros, para eu descer do carro. Os meninos do banco de trás pediam, também aos berros, para eu não descer. A treta demorou uns 15 minutos. O policial me puxou várias vezes, mas consegui ficar no carro; aliás, ninguém desceu, além de Qudus. Eu via que ele mostrava um documento de longe para o policial e, num determinado momento, como num passe de mágica, tudo se resolveu. Me explicaram que esse tipo de batida é comum e que você jamais deve descer do carro nem entregar seus documentos, porque você será extorquido. Depois de um tempo, quando os caras percebem que não vão conseguir nada, te deixam ir. Não fiquei com medo, mas, sim, desorientado e chateado, pois se fôssemos presos perderia o voo de regresso horas depois. Chegando ao Brasil iria para Juazeiro do Norte, último módulo da pós em gestão.

MARATONA: PARIS, VENEZA, COLÔNIA, NOVA OLINDA...

Em junho, fizemos a residência em Paris. Já tinha estado na cidade algumas vezes, mas nunca tinha tido a possibilidade de viver como um parisiense. Ficar amigo do padeiro, do pessoal do supermercado, conhecer os vizinhos, viver a rotina local. Foi uma delícia. Talvez você pense que vida de artista é só farra. Nada a ver. Trabalhei das 10 da manhã às 8 da noite, todos os dias, sábado incluído. Saíamos cedo para o teatro, onde ensaiávamos e ficávamos dando expediente até o fim do dia. Às vezes, ficávamos tão empolgados que passávamos da hora e o pessoal da técnica vinha dar uma dura na gente – na França e em muitos países da Europa, ninguém trabalha nem um segundo a mais do combinado. Tive um fim de semana de descanso e fui a Veneza conferir a Bienal de Arte, que tinha acabado de inaugurar.

Voltei a Paris. Estreamos a peça em Colônia, na Alemanha, onde mora uma amiga, Sônia Motta, bailarina brasileira. Fiquei chateado por ela não estar na cidade nesse período. Voltei para o Brasil, fiz a mala e fui para o Cariri. Uma semana depois, voltei a São Paulo, fiz a mala e parti para a África do Sul com o projeto Spirit Child. Um verdadeiro rali. Nunca tinha ficado tanto tempo longe da minha família. Um dos combinados em casa é que as viagens não podem durar mais do que quinze dias, e eu já levava quase dois meses na estrada. A tecnologia tem facilitado a comunicação, sempre faço ligações de vídeo, mostro o que estou fazendo, a cidade, os meus amigos, o que acaba sendo divertido e mantém o afeto em dia.

O TODO É MAIS DO QUE A SOMA DAS PARTES

Não podia deixar de falar da minha família, minha esposa Paola e meus filhos Marco e Maria, cúmplices nas aventuras, e reféns da minha vida serendíptica e desregrada.

Ao longo dos mais de 20 anos em que estamos juntos, Paola também se transformou. Quando a conheci, era uma arquiteta sonhadora que queria mudar o mundo. Descobri rapidamente que era filha e neta de sonhadores. O seu avô foi o arquiteto Alcides da Rocha Miranda, um dos fundadores da UnB, a Universidade Federal de Brasília. Tive a sorte de conhecer Alcides. Morava no Jardim Botânico no Rio de Janeiro, bem embaixo do sovaco do Cristo (Redentor), que dá nome ao tradicional bloco do bairro. Homem tranquilo, de fala mansa. Era do círculo de Oscar Niemeyer, Lucio Costa, Roberto Burle Marx, Di Cavalcanti, Djanira e tantos outros artistas, intelectuais e pensadores do seu tempo. Sempre tinha uma história para contar sobre a construção de Brasília e sua vida lá. Talvez por meu histórico traumático com a ditadura (uruguaia) – lembro-me da tristeza da minha mãe quando íamos visitar minha tia presa –, ficou bem guardado na minha memória o dia em que nos contou sobre as invasões à universidade pelos militares em 1964, 1965 e 1968. A última foi a mais violenta: alunos, professores e funcionários foram presos e alguns, torturados.

Quando cheguei ao Brasil, Paola tinha um escritório de arquitetura e trabalhava com urbanismo. Depois, trabalhando na prefeitura de Santo André, nos tempos do prefeito Celso Daniel, se apaixonou pelo trabalho junto à população e começou a se debruçar sobre os processos de planejamento e deliberação participativa. Fez parte da equipe em inúmeros planos diretores Brasil afora, como mediadora. Especializou-se em planejamento estratégico e desenhos de conversa e trabalhou para a iniciativa pública e privada, de prefeituras a ministérios, de ONGs a corporações multinacionais, sempre com ênfase na área social. A sua rotina de trabalho também envolve viagens constantes e isso exige muita cumplicidade e parceria.

Um dá suporte ao outro em todos os sentidos, afetivo, intelectual e econômico. Quando nasceu nosso primeiro filho, decidimos que ela deixaria o emprego. Depois da licença-maternidade, pediu demissão, o que significou a virada do urbanismo para o planejamento. Por ser autônoma, os ganhos dela oscilam igual aos meus. Mas de alguma maneira miraculosa, quando o trabalho de um está em baixa, o outro consegue equilibrar a balança.

Acabou de concluir uma pós em pedagogia da cooperação e metodologias colaborativas para se aprofundar no universo da cooperação – com certeza novidades vêm por aí.

A chave do nosso entendimento vem da complementaridade. O fato de termos interesses diferentes faz com que constantemente estejamos aprendendo um com o outro.

Marco, meu filho maior, tem doze anos. Está empenhado em ser jogador de futebol e treina duas vezes por semana, numa escolinha perto de casa. O sonho dele é frequentar a base do Corinthians. Além dos treinos, faz aula de inglês e estuda violão – tem um enorme talento para a música e compôs sua primeira canção com cinco anos! Mas ele diz que não quer ser um cantor famoso. Ganhou o primeiro celular com dez anos. Não tem Facebook, mas tem Instagram e WhatsApp, que pode usar diariamente, por tempo limitado, assim como o videogame, no qual são terminantemente proibidos os jogos com armas.

Para obter essas regalias, combinamos que ele tem de manter uma média acima de oito na escola. Tem se saído muito bem, mas o debate sobre o tempo de uso dos eletrônicos é permanente. As suas argumentações são cada vez mais astutas, exigindo perspicácia e compreensão nas nossas respostas. Por sorte, ainda prefere andar de *skate* no parque ou jogar bola no clube a ficar plugado.

Maria tem nove anos. Diz que gostaria de ser veterinária. Na escola, faz balé, jazz, teatro e capoeira e, no clube, faz ginástica artística. Também gosta muito de esportes e prefere as brincadeiras ao ar livre. É extremamente criativa, proativa e bagunceira. Outro dia, estava brincando com uma amiguinha em casa e, quando me dei conta, tinha cozinhado um ovo frito e um bife, pois a amiga não tinha almoçado. Sempre auxilia na cozinha, mas nunca tinha acendido o fogão sozinha. Depois dessa, e cientes de que seria só o começo, fizemos um intensivão de segurança na cozinha.

Maria gosta muito de artes e artesanato. Adora ir à Rua 25 de Março comprar bugigangas para fazer bijuteria. Faz pulseiras e colares compulsivamente, e os dá de presente a amigos e conhecidos. Eu carrego três pulseiras que todo mundo elogia. Nessa hora fico orgulhoso: "Minha filha que fez!".

Por enquanto, Maria não tem eletrônicos. Usa o WhatsApp no celular da mãe e tem um perfil exclusivo na Netflix. A propósito, em casa não há TVs nos quartos.

Os dois encasquetaram que queriam uma mesa de pingue-pongue, porque gostam de jogar. Semana passada, construímos uma. A minha casa tem garagem, mas é lá que fica meu ateliê, assim, o único lugar onde caberia a mesa seria na sala de estar. Vamos combinar que ter uma mesa de pingue-pongue permanentemente na sala não é agradável, muito menos decorativo. A solução seria bolar algo que pudesse ser montado e desmontado. Adaptamos duas pinturas minhas que ficam numa das paredes da sala. Como as pinturas foram feitas sobre pranchas de MDF, fizemos uma estrutura de madeira que nos permite encaixá-las na mesa da sala, e *tchan*! Ficou prático e bonito – quando terminamos de jogar, as pinturas voltam para a parede. Foi um dia diferente: projetamos, cortamos, colamos, parafusamos, e depois limpamos tudo. Meu barato foi ver a cara de surpresa deles ao me verem usar o serrote, a serra tico-tico, a parafusadora. Percebi que o gradual uso da tecnologia na minha arte tinha me afastado dos afazeres analógicos e, inevitavelmente, pensei na minha infância e na influência dos meus pais.

Durante a infância e a pré-adolescência, não tinha a menor ideia do que fosse arte, mas ao relembrar estas memórias percebo que tudo já estava lá: a curiosidade, o apuro estético e sensorial, a persistência e uma perspectiva ética. Hoje, sei que a curiosidade e a criatividade foram cultivadas junto à minha mãe, e que a perseverança e tenacidade foram legados do meu pai. O que passarei adiante para meus filhos?

CAPÍTULO 9

Por que penso como penso? Por que ajo como ajo? Essas perguntas me foram feitas numa aula de pós-graduação pelo professor Jailson de Souza e me fizeram refletir sobre minha trajetória em uma perspectiva de 360°, como gostam de falar as propagandas de hoje. Serviram como guia para montar o roteiro labiríntico desta escrita. O professor pretendia chamar a atenção da turma para aquilo que comentei logo no começo: somos fruto das condições sociais, materiais e afetivas em que crescemos e vivemos.

Vasculhando minhas tralhas, encontrei o pequeno texto que teve de ser redigido ao final daquela aula, que resume, com outras palavras, os capítulos anteriores. É um exercício bacana e surpreendente. Se animar, faça!

"Eu penso como penso e ajo como ajo sobretudo porque nasci em 1970, em Montevidéu, Uruguai. Nasci e cresci num bairro de classe média baixa.

Eu penso como penso e ajo como ajo também porque meu pai é operário, e mamãe, dona de casa. Porque tenho dois irmãos: Alejandro nasceu em 1975, e Estefania, em 1985. Com certo exagero, posso dizer que ajudei a criar essa minha irmã. Moravam conosco lá na Aguada minha avó, a bisavó e a prima Rosana, filha da tia Turquesa, mantida presa pela ditadura militar por suas andanças políticas com os Tupamaros. A tia só saiu em 1985, com o reestabelecimento da democracia.

Eu penso como penso e ajo como ajo porque tive a sorte de, na esquina da minha casa, estar localizado o Montevideo Basketball Club, entidade que, fora o núcleo familiar, reconheço como a maior influência do período. Joguei basquete em todas as categorias de base do clube e, inclusive, alguns jogos pelo time principal, como reserva. O clube foi uma segunda escola para mim. Era meu quintal, podia chegar lá a qualquer hora e jogar bola, basquete, esconde-esconde. No clube, tive todo um leque de experiências próprias e impróprias para uma criança. Posso dizer também que cresci tendo a rua e a cidade como playground. Naquele tempo, Montevidéu era um lugar seguro para uma criança ou adolescente.

Eu penso como penso e ajo como ajo porque estudei em escola pública e na universidade pública. Frequentei durante cinco anos a faculdade de arquitetura e dois anos a de música. Não me formei. Ainda na escola, aos oito anos, fui selecionado para cursar, paralelamente à escola convencional, a escola de música, fato que amplificou exponencialmente os meus devires. Foi lá que entrei em contato com jovens de outras realidades sociais e que um novo mundo de possibilidades se abriu.

O Uruguai esteve sob a égide dos militares até 1984. Eu penso como penso e ajo como ajo porque vivi toda a euforia da retomada democrática do período. Ainda menino, primeiro como observador, participei da formação dos primeiros comitês políticos do bairro e, posteriormente, participei do centro acadêmico na arquitetura. Quilos de experiências incríveis, transformadoras, expansivas, como passeatas, lambe-lambes, shows, panfletagem, tudo irrigado a muito chimarrão, bizcochos e tortas fritas.

Em 1997, vim pro Brasil, conheci a minha esposa e voltei a estudar. Me graduei em 2005, mestrei em 2007, quase doutorei em 2012 (faltou escrever a tese, só!). E vieram os filhos, Mateo (2004-2009), Marco (2007) e Maria (2010). Eu penso como penso e ajo como ajo porque perdi um filho e, quando isso acontece, tudo muda e temos que começar do zero.

Eu penso como penso e ajo como ajo pela ajuda e apoio que me deram inúmeras pessoas, parentes, professores, amigos, desconhecidos, instituições públicas e privadas e mais.

Eu penso como penso e ajo como ajo porque fui moldado, extrudado, liquidificado e estraçalhado por um monte de outras experiências que não dá para escrever em duas horas.

Mas, com certeza, eu penso como penso e ajo como ajo porque tive uma família que me deu amor, sustento material e germinou no meu corpo alguns vírus básicos que funcionaram, com ressalvas, para tocar a bola pra frente.

Eu penso como penso e ajo como ajo porque tive sorte, muita sorte e algumas vezes segurei nela a ponto de não deixá-la escapar.

Imagino também que penso como penso e ajo como ajo porque fui cabeça-dura, persistente, exigente, transgressor, egoísta, solidário, inconsciente, doido, sacana...

Este bilhete é meia verdade."

* * *

Somos seres biopsicossociais. A biologia nos molda, as faculdades psíquicas nos distinguem de outras espécies e condicionam nossa vida em sociedade. Nosso destino está relacionado à interação entre os elementos desse sistema aberto e emergente que somos. Para dar um pequeno exemplo: hoje sabemos que uma criança subnutrida e com déficit de sono pode apresentar problemas cognitivos; sabemos também que os maiores índices de desnutrição se encontram nas populações menos favorecidas. Assim, o futuro dessa criança depende, em parte, das condições materiais dos pais e do ambiente em que está inserida. Se, em algum momento da vida, ela não conseguir quebrar esse ciclo desfavorável, dificilmente terá um futuro diferente do de seus pais.

Dei sorte na vida, eventos inesperados amplificaram o campo do possível. Tive o privilégio de viver experiências que ampliaram meu repertório sobre a diversidade e as adversidades da vida, sobre a subjetividade da felicidade, que, aliás, para mim, nunca esteve separada da profissão. O exercício da alteridade, de vestir os sapatos do outro, me fez perceber que cada um de nós foi criado de maneira diferente, e que não cabem juízos definitivos. Suponho que isso tenha me feito um profissional mais solidário e empático.

Tem uma música do Gilberto Gil, um dos meus filósofos favoritos, que diz que "o melhor lugar do mundo é aqui e agora". Vindo do Gil dos anos 1970, esses dizeres certamente têm a ver com o *zen*. Viver o instante é focar no presente, viver a realidade de maneira direta, sem as encruzilhadas do desejo. Mas eu gosto de associar essa ideia com o ditado "tempo é dinheiro". Para mim, o gráfico da vida se parece mais com um eletrocardiograma do que com uma curva exponencial ascendente. Tempo não é dinheiro, e sim a possibilidade de fazer aquilo que gosto. Me envolvo em projetos que me dão tesão. Me atrevo a dizer que, se os nossos objetivos não vierem acompanhados do tesão de estar fazendo aquilo que de fato nos mobiliza, mais cedo ou mais tarde a vida passa a conta. Daí que estes relatos intercalam anedotas aparentemente fora do objeto desta coleção, extrapolando escolhas e experiências estritamente profissionais. Já se foi o tempo em que era preciso separar a vida profissional da pessoal, se é que isso alguma vez foi possível. Todos os aspectos da vida, toda experiência agrega um saber, e a ética deveria iluminar nossas escolhas. Sei que há "éticas", cada um pratica a sua, mas é certo que o mundo anda mal das pernas e não há tempo nem lugar para os que ficam em cima do muro. Como disse Hannah Arendt: é no vazio do pensamento que a banalidade do mal se instaura.

Até hoje não acumulei dinheiro nem bens materiais, vivo do que produzo todo mês. Não significa que não tenha um patrimônio, não significa que não tenha planos ou estratégia. Meu patrimônio é não ter medo de me reinventar, de estar disposto a aprender permanentemente; só assim aquilo que gostamos de fazer terá valor no futuro. Meu patrimônio está no meu capital social – como disse o professor Jailson –, na rede de relacionamentos que fui cultivando ao longo do tempo e que, se tudo der certo, continuará fazendo a roda girar. Os meus planos incluem nunca parar de estudar, minha estratégia é estar sempre atualizado. Ao que tudo indica, o mundo precisará cada vez mais de pessoas capazes de pensar e articular saberes diversos, e uma pessoa informada e com experiência tem boas chances de ser ouvida.

Por último, queria esclarecer que, como não fazemos nada sozinhos, fiz questão de dar nome, sempre que possível, às pessoas que têm somado à minha caminhada, mas faltaram muitas. Meu patrimônio é minha família, são meus amigos e aqueles que virão a ser. Sem eles, o melhor lugar do mundo não seria aqui e agora.

Coda: parte que conclui uma peça musical.

~~SOBRE O AUTOR~~

Fernando Velázquez

É artista multimídia e curador. Mestre em moda, cultura e arte e pós-graduado em gestão cultural e tecnologias digitais, ganhou os prêmios Vida Artificial (Espanha) e Sergio Motta de Arte e Tecnologia (Brasil).